KB056461

타인으로부터 나를 지키는 법

완벽하지 않은 나를 온전한 나로 바꾸는 행복의 조건들

# 타인으로부터

김이섭 지음

# 나를 지키는 법

체인지업
CHANGEUP

# 타인으로부터
# 나를 지키는 법

**1판 1쇄 인쇄** 2024년 1월 5일
**1판 1쇄 발행** 2024년 1월 15일

**지은이** 김이섭
**발행인** 김형준

**책임편집** 박시현
**마케팅** 전수연
**디자인** design ko

**발행처** 체인지업북스
**출판등록** 2021년 1월 5일 제2021-000003호
**주소** 경기도 고양시 덕양구 삼송로 12, 805호
**전화** 02-6956-8977
**팩스** 02-6499-8977
**이메일** change-up20@naver.com
**홈페이지** www.changeuplibro.com

ⓒ 김이섭, 2024

ISBN 979-11-91378-48-1 (13190)

# 이제는 위로받고 싶다

나무마다 꽃이 피는 시기가 다릅니다. 인생의 꽃을 피우는 시기도 사람마다 다릅니다. 인생에서 너무 늦은 때는 없습니다. 언제나 지금이 바로 '그때'이기 때문입니다.

꽃이 화려해야 아름다운 건 아닙니다. 단아한 모습으로 잔잔한 아름다움을 풍기는 꽃도 있습니다. 길가에 무심히 피어 있는 이름 모를 꽃도 아름답기는 매한가지입니다. 모진 비바람을 견뎌내고 인생의 꽃을 피워 내는 것만으로도 충분히 아름답습니다.

'물취이모勿取以貌', 이 말은 외모로 사람을 판단하지 말라는 뜻입니다. 독일의 철학자 발터 벤야민은 예술작품에서 우러나오는 고유한 분위기를 '아우라 Aura'라고 했습니다. 누구나 자신만의 아름다움을 지니고 있습니다. 겉으로 꾸며진 아름다움이나 사회적으로 강요된 아름다움이 아니라 본연의 원초적인 아름다움 말입니다. 내면의 아름다움은 대체 불가능한 아름다움이고, 무한의 아름다움입니다.

우리말에 '뱁새가 황새 따라가다 가랑이가 찢어진다'라는 속담이 있습니다. 뱁새의 다리가 길면 더는 뱁새가 아니고, 황새의 다리가 짧으면 더는 황새가 아닙니다. 있는 그대로의 나를 사랑하면 됩니다. 뱁새에게는 뱁새 걸음이 제격입니다.

누구나 존중받기를 원합니다. 그렇다면 답은 쉽고도 분명합니다. 서로가 서로를 존중하면 됩니다. 그 누구도 다른 사람의 자존감을 무시하거나 거부할 권리는 없습니다. 높은 곳에 오른다고 자존감이 커지지 않습니다. 최고가 되려 하면 모두가 불행해질 수 있지만, 최선을 다하면 누구나 행복해질 수 있습니다. 남과 비교할 필요도, 남을 의식할 필요도 없습니다. 부족하면 부족한 대로, 모자라면 모자란 대로 사는 게 인생입니다.

'G선상의 아리아'는 네 개의 바이올린 현 가운데 가장 낮은 음역인 G선 하나로만 연주할 수 있습니다. 이 곡은 선율이 아름답고 장중하기로 유명합니다. 인생 또한 마지막 줄을 놓지 말아야 합니다. 인생은 단 하나의 희망만으로도 충분히 살아갈 수 있습니다. "1%의 가능성, 그것이 나의 길이다." 유럽을 정복했던 프랑스의 황제 나폴레옹이 한 말입니다. 여러분도 1%의 가능성에 도전하시기 바랍니다. 여러분의 인생이 송두리째 바뀔지 모릅니다.

우리가 사는 사회를 '초연결' 사회라고 합니다. 그런데 오히려 외로움을 호소하는 사람이 늘고 있습니다. 외로움은 갈증입니다. 목이 마를 때 물을 마시듯이 외로울 때는 누군가를 마셔야 합니다. 내가 힘들 때, 곁에서 내 이야기를 들어줄 수 있는 누군가가 필요합니다. 마음의 응어리, 마음의 상처는 이야기를 들어주는 것만으로도 치유될 수 있습니다.

관계는 '마음 이음'입니다. 사람과 사람을 이어주는 건 따뜻한 마음입니다. 남을 걱정하는 마음, 남을 배려하는 마음, 남을 도우려는 마음, 모두 따뜻한 마음입니다. 그 따뜻한 마음이 세상을 따뜻하게 만듭니다.

공감과 위로가 필요한 시대, 지금 우리는 그런 시대에 살고 있습니다. 이 세상에 위로받지 못할 감정은 없습니다. 누구에게나 위로받을 자격이 있습니다. 아니, 위로받을 권리가 있습니다.

여러분도 위로에 인색하지 않았으면 합니다. 자신에게도 너그러워지기를 바랍니다. 서로를 다독이고 보듬어주는 것, 서로에게 따뜻한 위로를 건네는 것, 그것이 나를 지키는 일이고 또한 상대방을 지켜주는 일이기도 합니다. 우리가 사는 세상이 그런 세상이었으면 좋겠습니다. 서로가 서로를 위로하고 지켜주는 세상 말입니다. 이 책이 여러분의 인생길에 따뜻한 위로가 되는, 든든한 '지킴이'가 되기를 진심으로 바라봅니다.

김이섭

차례

# 3장 늘 조바심 나며 불안한 나
### # 긍정의 조건 #

# 4장 자신이 없고 자꾸만 작아지는 나
### # 자존감의 조건 #

# 허무하고 무기력한 나
## # 지혜의 조건 #

# 삶의 의미를 찾지 못한 나
## # 인정의 조건 #

슬픔이 그대의 삶에 밀려와 마음을 흔들고
소중한 것을 쓸어갈 때면, 그대 가슴에
대고 말하라. '이 또한 지나가리라.'

**랜터 윌슨 스미스** Lanta Wilson Smith

# 외롭고
# 쓸쓸한 나

## # 포용의 조건 #

# 외로움은 갈증이다

누구나 외로움을 느낀다. 전통적인 사회구조가 해체되고 사회 안전망이 무너지면서 사람들은 이전보다 더 외로워졌다. 외로움을 내버려두는 건 사회적 방임이다. 외로움이 하루에 담배를 15개비 피우는 것만큼이나 건강에 해롭다고 한다. 외로움은 개인뿐 아니라 공동체의 건강을 위협하기 시작했다.

그렇다면 외로움은 어떻게 해결해야 할까?

영국은 세계 최초로 '외로움 담당 장관'직을 신설했다. 국가 차원에서 국민의 외로움을 해소하는 종합 대책도 마련했다. 카페와 정원을 만들어 서로 얼굴을 마주하고 이야기를 나눌 수 있는 공간을 확장하기도 했다. 업무가 줄어든 우체부가 혼자 사는 사람을 찾아가 말동무를 해주는 서비스도 도입했다. 장기적으로는 걷기 모임이나 요리 강좌, 예술 작품 활동 등을 활성화하는 데 의료보험 재정을 투입하겠다는 구상도 밝혔다.

영국의 어느 대형 슈퍼마켓은 매장 내 카페에 '대화 탁자Talking Table'를 설치했다. 누군가 자리에 앉아 있으면, 다른 사람이 다가가 서로 이야기를 나눌 수 있게 한 것이다. 지역 주민들이 함께하는 '그레이트 겟 투게더Great Get Together'라는 축제도 있다. 3일 동안 가족과 이웃이 길거리 파티를 열고, 식사하며 소통하는 것이다. 참석자 가운데 절반이 이 행사를 통해 외로움을 이겨낼 수 있었다고 한다.

핀란드에는 '제너레이션 블록'이라는 주택단지가 있다. 이곳에는 민간 주택과 임대주택, 대학생 숙소가 어우러져 있어 다양한 연령대가 모여서 생활하고 소통하며 공유한다.

안타깝게도 우리의 현실은 밝지만은 않다. '곤란한 상황에서 도움을 청할 가족이나 친구가 있는가'라는 주제로 실시한 설문조사에서 대한민국이 OECD 국가들 가운데 꼴찌를 차지했다. 무한경쟁과 양극화, 사회적 무관심으로 인해 외로움이 우리 사회 전반에 깊숙이 스며든 것이다.

'짜장면 데이'라는 게 있다. 매년 4월 14일, 밸런타인데이나 화이트데이에 선물을 받지 못한 젊은이들이 짜장면을 먹는 날이다. 연인이나 애인이 없어도 외로운 사람들이 서로를 위로하고 격려하며 외로움을 함께 나누자는 의미이다.

외로움은 갈증이다. 목이 마를 때 물을 마시듯이 외로울 때는 누군가를 마셔야 한다. 갈증을 해소해 줄 수 있는 누군가가 내 곁에 있어야 한다는 말이다. 외로움을 이겨내는 방법은 간단하다. 외로운 사람끼리 서로 외로움을 다독여주면 된다. 함께 외로움을 마시면, 외로움이 더는 외로움이 아닌 따스함이 된다.

절대 혼자라고 생각하지 마라. 지금 곁에 친구가 없다고 영원히 친구가 없는 건 아니다. 세상에는 좋은 친구들이 정말 많다. 단지 내가 아직 찾지 못한 것뿐이다. 어쩌면 내가 눈을 감고 있거나 마음을 닫고 있는지도 모른다. 아니면 나의 알량한 자존심 때문인지도 모른다. 그러니 이제라도 눈을 뜨고 마음을 열자. 알량한 자존심 따위는 던져버리자. 그러면 누군가가 환하게 미소 지으며 그대 앞에 나타날 것이다. 그 친구가 아름다운 인생길을 함께 걸어갈 영원한 길벗이 될지 누가 알겠는가.

# '혼밥'말고 '함밥'하자

이제는 '혼밥'이나 '혼술'이 낯설지 않은, 당연한 문화가 되었다. 혼자 일상을 즐기는 문화가 된 것이다. 하지만 '즐긴다'라는 표현보다는 '견뎌낸다'라는 표현이 더 적절할지 모른다. 이 모든 걸 좋아서 즐기는 게 아니라 즐길 수밖에 없는 환경이기 때문이다.

그래서 수십 년 뒤에는 1인 가구가 보편적인 가족 형태로 바뀔지 모른다. 우리 사회에 '고독 사회'의 그림자가 서서히 드리우고 있다. 20대를 대상으로 한 어느 설문조사에서 10명 가운데 6명이 '고독감을 느낀다'라고 답했다. 치열한 경쟁을 부추기는 사회적 분위기, 타인에 대한 무관심, 온라인 중심의 인간관계가 원인이다.

'혼밥'을 하는 노인일수록 더 빠르게 늙고 쇠약해진다는 연구 결과가 있다. 고립감이나 우울감이 깊어지면 신체 기능도 저하된다고 한다. 동거 가족의 유무 변화는 노쇠에 큰 영향을 주지 않는다. 같이 사는 배우자나 가족보다는 한 끼 식사를 같이할 '밥 상대'가 더 중요하다는 말이다.

'혼밥'으로 인한 노쇠의 원인은 영양결핍과 사회적 고립, 우울감으로 나타났다. 반면 혼자서 식사를 하던 노인에게 함께 식사할 친구만 생겨도 신체에 긍정적인 영향을 미친다고 한다. 그래서 어느 연구팀은 홀로 사는 노인들을 위해 누군가와 함께 식사할 수 있는 사회적 프로그램을 제안하기도 했다.

결국 누군가와 함께 밥을 먹는다는 건 서로 사랑을 나누는 것이나 다름없다. 서로 사랑을 나누려면 사랑할 누군가가 필요하다. 혼자 하는 사랑은 진정한 사랑도 아니고, 사랑을 나눈다고 표현하지도 않는다. 함께 밥을 먹을 때는 굳이 사랑한다고 말하지 않아도 된다. '함밥', 그 자체가 사랑이기 때문이다.

오래전부터 '함밥'은 사회적 상호작용으로 기능해 왔다. 인간관계의 형성에도 매우 중요한 부분을 차지한다. 서로 간의 친밀감과 유대감을 형성하는 데 '함밥'만큼 효과적인 방법도 없다. 함께 밥을 먹으며 이야기를 나누다 보면, 서로를 좀 더 이해하고 서로에게 좀 더 가까이 다가갈 수 있다.

독일의 철학자 칸트도 함께 식사하는 걸 무척 좋아했다. 단순한 생활 습관이기도 했지만, 무엇보다 '함밥'의 가치에 대한 확고한 신념 때문이었다. 그는 혼자 산책을 즐기면서도 식사는 언제나 이

웃과 함께 나누었다. 식탁에서의 자유롭고 즐거운 대화가 인간의 지성과 공동체 의식을 고양한다고 믿었기 때문이다.

따뜻한 밥에는 따뜻한 온기가 배어 있다. 예전에 '식구食口'는 한 집에서 끼니를 같이하는 사람이었다. 이제는 나와 함께 밥을 먹으며 따뜻한 마음을 나누는 사람, 그 사람이 바로 내 새로운 '식구'라고 해도 좋을 것 같다.

만약 '혼밥'에 의기소침해 있다면, 기꺼이 즐겨도 좋다. '혼밥'은 혼자 살아갈 인생을 위한 예행연습이고, 아직 가지 않은 길에 대한 준비 과정이다. 긍정적인 마음으로 의연하게 '혼밥'을 하다 보면, 언젠가는 행복한 '함밥'을 맛볼 날이 반드시 찾아올 것이다.

# 포옹이 포용이다

예로부터 우리는 유교적인 전통 때문에 쉽게 마음을 드러내지 않았다. 신체적인 접촉도 되도록 피했다. 고개 숙여 인사하거나 악수하는 게 고작이다. 아직도 낯선 사람과 첫 만남에 포옹하는 건 언감생심 꿈도 못 꾸는 대한민국이다.

그런데 포옹이 몸과 마음을 건강하게 만드는 데 도움이 된다. 포옹 상대가 누구이든지 함께 포옹하면, 사랑의 호르몬인 옥시토신이 증가하고 스트레스 호르몬인 코르티솔은 감소한다. 그래서 심리적인 안정감을 증대시키고 정신적인 압박감을 해소해 준다. 포옹으로 혈압을 낮추고 불안과 두려움을 완화할 수도 있다. 가족치료 전문가인 미국의 버지니아 사티어는 말한다.

"우리는 살기 위해 하루 네 번의 포옹이, 삶을 유지하기 위해 여덟 번의 포옹이, 그리고 성장하기 위해 열두 번의 포옹이 필요합니다."

코로나 팬데믹을 겪은 뒤로 우리는 거리 두기가 일상적인 생활 방식이 되었다. 사람들은 신체적인 접촉을 더욱 꺼리게 되었고, 그 결과 우리는 '외로움'이라는 치명적인 적과 마주하고 있다. '뭉치면 살고 흩어지면 죽는다'라는 말이 '뭉치면 죽고 흩어지면 산다'로 바뀌었다. 사랑하는 사람도 '가까이하기에는 너무 먼 당신'이 되어 버렸다. '신체적 접촉'이 어려워지면, '심리적 접촉'은 더 어려워지기 마련이다.

그런데 사람과의 거리가 멀어지는 것과는 달리 동물과의 거리는 한층 가까워졌다. 반려동물을 키우는 가정도 늘어났다. 한때 미국에서는 '소 포옹하기'가 유행했다. 소를 껴안으며 위안을 얻는 일종의 심리 치유법이다. 소를 껴안고만 있어도 스트레스가 줄고 긍정적인 사고를 하는 데 도움이 된다고 한다. 반려동물과 함께 있으면, '사랑의 호르몬'이라고 불리는 옥시토신의 분비가 활발해진다. 반려동물과의 유대감과 결속력 덕분에 자존감도 높아지고 우울증도 완화된다. 고혈압 환자는 혈압 수치가 낮아지기도 한다. 날마다 애완견과 산책하는 것만으로도 콜레스테롤 수치를 낮출 수 있다.

**누군가와 함께한다는 건 행복한 일이다. 서로 신뢰할 수 있고 교감할 수 있는 대상이라면 더더욱 그렇다. 그 대상이 사람인지 동물인지는 중요하지 않다.**

포옹은 따뜻한 몸짓이다. 매우 간결하고 확실한 방식으로 사랑과 애정을 표현할 수 있다. 힘들고 슬플 때는 누군가가 나를 안아주는 것만으로도 위안이 되고 힘이 된다. 포옹하면서 상대방의 체온과 살 내음과 숨소리를 느끼면서 '함께 살아 있음'을 더불어 느낀다.

포옹은 위로와 지지의 절대적인 표현이다. 서로에게 안전함과 보호받는 느낌을 전해 준다. 때로는 포옹이 화해와 용서의 표현이 되기도 한다.

오늘 당신은 누구와 포옹을 나누었는가. 당신 곁에 있는 소중한 사람을 따뜻하게 품어주었는가. 그렇지 않다면, 지금이라도 두 팔 벌려 그 사람을 안아보자. 포옹은 포용이다. 포옹의 품은 넓고, 포옹의 힘은 강하다. 서로가 따뜻한 마음으로 끌어안는다면, 우리가 사는 세상도 그만큼 더 따뜻해질 것이다.

# 들어주는 것만으로도 치유된다

    의사는 환자의 병을 치료하는 사람이다. 병을 제대로 진단하고, 그 병을 잘 고칠 줄 알아야 한다. 하지만 무엇보다 중요한 건 환자가 하는 이야기를 잘 들어주는 것이다. 그런데 우리의 현실은 녹록지 않다. 의사가 환자의 말을 들어주고 싶어도 그러기 힘들다. 정해진 시간에 많은 환자를 상대해야 하기 때문이다.

    내가 독일에서 공부하던 때의 일이다. 나는 이유를 알 수 없는 무기력증 때문에 시내에 있는 개인병원을 찾았고, 의사는 환하게 웃으며 나를 반갑게 맞아주었다. 나는 적잖이 당황했다. 동양에서 온 낯선 젊은이를 이토록 친절하게 대해 주다니. 그는 나에게 이런저런 질문을 던졌다. 독일에서 무슨 공부를 하는지, 생활하는데 어려움은 없는지, 앞으로 어떤 계획이 있는지 등을 물었다.
    나는 독일의 노벨상 수상 작가인 하인리히 뵐의 휴머니즘을 연구하고 있다고 말했다. 그랬더니 그는 자신도 그 작가를 가장 좋아한다면서 자신이 읽은 작품에 대한 감상을 늘어놓기 시작했다. 나는 그의 박식함에도 놀랐지만, 그의 인간적인 따뜻함과 친절함에 더 놀랐다. 그 덕분인지, 나는 이내 건강을 되찾았다.

1996년 미국 정신과협회는 화병火病을 '한국인에게만 특이하게 나타나는 정신질환'으로 규정했다. 화병의 가장 큰 원인은 '감정 표현 억제'다. 가부장적이고 봉건적인 사회환경에서 자신의 감정을 억누르고 살아온 탓이다. 그래서인지 화병 환자들 가운데 20%는 약물 처방으로, 나머지 80%는 대화를 통해 치료한다고 한다.

경청은 귀를 기울이는 것이다. 상대방에게 조용히 다가가 귀를 내주는 것이고 마음을 여는 것이다. 무엇보다 오롯이 나를 비워 내야만 상대방의 이야기를 받아들일 수 있다.

> 배움도 치유도 화해도 모두 듣는 데서 시작한다. 상대방을 존중하고 상대방의 말에 귀를 기울이는 것, 그것이 바로 소통의 기본이고 본질이다.

내가 힘들 때 곁에서 이야기를 들어주는 누군가가 있다는 것만으로도 커다란 위로가 된다. 때로는 나를 비우고 누군가의 이야기를 듣는 것만으로도 마음이 안정될 때가 있다. 지금 누군가가 힘

들어하고 있다면, 그에게 가까이 다가가 살포시 귀를 내어주는 것
은 어떨까.

# 다정함과 따뜻함을 잊지 말자

'당신에게 피로감을 안겨주는 피로 유발 물질은 무엇인가?'

우리나라 직장인들을 대상으로 한 설문조사의 문항이다. 이 조사에서 응답자의 42%가 '직장 상사와 동료'라고 답했다. 2위는 배우자, 3위는 자녀, 4위는 부모 순이었다. 달리 말하면, 많은 사람이 가장 가까운 곳에서 그리고 가장 가까운 사람에게서 스트레스를 받고 있다는 말이다.

인간은 다른 동물과 달리 언어로 소통한다. 소통하는 능력 덕분에 신체적인 한계에도 불구하고 약육강식의 세계에서 살아남았다. 말로 소통하고 교감하고 관계를 형성한다. 그런데 우리는 편하다는 이유로 가장 가까운 사람에게는 말을 함부로 하게 된다.

내가 스트레스를 줄이기 위해 하는 말들은 반드시 상대방에게 스트레스가 된다. 그러니 말을 조심하고 또 조심해야 한다. 말 한

마디로 천 냥 빚을 질 수도, 천 냥 빚을 갚을 수도 있다. 말 한마디에 천국에 오르기도, 지옥으로 떨어지기도 한다. 정말이지 말이 알파와 오메가다.

'토끼 효과'는 다정함이 심장 건강에 좋다는 이론이다. 미국의 로버트 네렘 박사 연구팀은 고지방 식단이 심장 건강에 미치는 영향을 연구했다. 토끼에게 고지방 사료를 먹이고 혈관에 콜레스테롤이 얼마나 쌓이는지 살펴보았다. 그런데 특정한 토끼 그룹만 콜레스테롤이 쌓이지 않았다. 그 그룹을 담당한 연구원은 토끼에게 먹이를 줄 때마다 말을 걸고 껴안거나 쓰다듬으며 다정하게 대해 주었다. 토끼의 지방 수치를 낮춘 건 바로 연구원의 '다정함'이었다.

1950년대 후반, 심장마비로 인해 미국 중년 남성들의 사망률이 급증했다. 스튜어트 울프 오클라호마 의대 교수는 펜실베이니아 지역의 로제토 마을에 주목했다. 이곳 주민들은 심장발작 환자도 거의 없고, 연간 사망률도 인근 마을보다 50%나 낮았기 때문이다. 놀랍게도 그들은 싸구려 담배를 피우고 소시지를 즐겨 먹었다. 연구팀은 주민들의 삶을 좀 더 면밀하게 들여다보기로 했다.
주민들은 길거리에서 마주치면 정답게 대화를 나누고, 아이와 조부모가 함께 시간을 보내고, 여러 세대가 함께 모여 식사를 했다. 건강에 긍정적인 영향을 미친 것은 가족과 이웃 간의 친밀한 관계였다.

> 건강과 행복의 열쇠는 일상 관계 속에 있다. 이웃과의 신뢰와 교감이 바로 그 열쇠다. 조금 더 귀를 기울이는 것, 조금 더 관심을 보이는 것, 조금 더 공감해 주는 것이다. 이웃에 대한 작은 관심과 친절, 공감이 이웃과 나를 오래오래 행복하게 만든다.

인간관계는 사람과 사람이 만들어가는 종합예술이다. 인간人間이라는 단어 자체가 사람과 사람 '사이'라는 뜻이다. 우리는 누군가와의 관계 속에서 존재한다. 그 누구도 혼자서는 존재할 수 없다. 그러니 내 곁에 있는 사람이 나에게 꼭 필요하고 소중한 존재라는 사실을 잊지 말자. 내가 하는 말 한마디, 행동 하나에도 '다정함'과 '따뜻함'이 배어나게 하자.

# 따뜻한 마음이 따뜻한 세상을 만든다

 중국 춘추 시대에 제齊나라를 다스리던 경공景公에 관한 이야기다. 추운 겨울날, 그는 따뜻한 궁 안에서 여우 털로 만든 외투를 입고 의자에 앉아 있었다. 그리고 밖을 내다보며 재상인 안자晏子에게 말했다.

 "올해는 눈이 많이 내렸는데도 봄 날씨처럼 따뜻하구려."

 그 말에 안자가 정색하며 응수했다.

 "옛날 어진 임금들은 자신이 배불리 먹으면 행여 누군가가 굶주리지 않을까 걱정하고, 자신이 따뜻한 옷을 입으면 행여 누군가가 얼어 죽지 않을까 걱정했습니다."

 이 말을 들은 경공은 자기 잘못을 깨닫고 백성을 돌보는 데 힘썼다고 한다.

 눈보라가 몰아치는 겨울날이었다. 한 노인이 고갯마루를 넘다가 기력이 다해 쓰러졌다. 지나가던 사람이 노인을 발견했지만,

이내 가던 길을 재촉했다. 얼마 뒤, 또 다른 사람이 노인을 발견했다. 그는 노인을 등에 업고 고개를 넘었다. 힘에 부쳐 땀을 뻘뻘 흘리면서도 노인을 꼭 부여잡고 마을로 향했다.

마을에 거의 다다를 즈음, 그는 앞서가던 사람이 쓰러져 있는 걸 보았다. 자기만 살려고 했던 그 사람은 추위를 견디지 못하고 얼어 죽었다. 그러나 노인을 등에 업은 사람은 노인의 따뜻한 체온 덕분에 살 수 있었다.

> 사람이 먼저다. 이 세상에 생명보다 소중한 건 없다. 남을 도우면 나도 도움을 받고, 남을 배려하면 나도 배려를 받는다. 그러니 내가 먼저 다가가고 내가 먼저 베풀면 된다. 나를 위해서가 아니라 남을 위해서 하다 보면, 어느덧 나도 사랑의 열매를 함께 맛볼 수 있다.

상대방에 대한 존중과 배려, 상대방을 위해 기꺼이 자신을 내어주는 마음, 이처럼 마음이 따뜻한 사람들이 모여 진정 따뜻한 세상을 만든다.

# 나를 위로하는 편지를 쓰자

어느 자원봉사센터에서 '희망편지 쓰기' 프로젝트를 진행했다. 학생들이 쓴 희망편지를 자원봉사자들의 감수를 거쳐 다른 학교 학생들의 희망편지와 익명으로 교환했다. 이 프로젝트는 학교 폭력이나 또래 고민을 깊이 이해할 수 있는 계기가 되었다. 그 과정에서 자살 충동이나 학교 폭력 위험에 처한 학생들은 상담도 받을 수 있었다.

한 학생이 말했다. "따돌림을 당하면서 아무한테도 털어놓지 못했던 답답한 심정을 편지에 써 내려가니 속이 후련했어요." 또 다른 학생이 말했다. "쌓인 응어리를 풀어내니 마음이 한결 가벼워졌어요. 그때 당시에는 하지 못한 말들을 뒤늦게나마 편지에 털어놓으면서 상처를 치유할 수 있었어요."

이 프로젝트에 참여한 한 자원봉사자는 오랜 기간 외국 생활로 인해 우울증과 공황장애를 겪은 경험이 있었다. 그는 외국에서 받

은 치료 가운데 가장 기억에 남는 건 '자신에게 편지 쓰기'였다고
했다.

  디지털 기술이 발달한 요즘은 누구나 손쉽게 연락할 수 있다.
하지만 그만큼 진정한 소통이 부족하다는 느낌 또한 지울 수 없
다. 컴퓨터 자판에 내면의 깊은 정을 담아내기는 힘들다. 감정을
숨기거나 피상적으로 표현할 때도 많다.
  손으로 쓰는 편지는 자신의 감정을 솔직하게 표현하고, 상대방
의 감정에 공감하는 표현 방식이다. 편지를 쓰는 순간, 자신을 온
전하게 바라볼 수 있고 자신에게 더욱 충실할 수 있다.

  편지를 쓰는 순간에는 자신이 인생에서 가장 특별한 존재가
  되고, 자기 인생 또한 큰 의미로 다가온다. 손편지는 나와의 관계
  를 더 긴밀하게 만들고, 삶을 더 풍요롭게 만들어준다.

  지금 나에게 편지를 써 보자. 나에게 하고 싶은 말을 마음껏 해
보자. 내가 느끼는 감정을 있는 그대로 표현해보자. 그리고 나를
따뜻하게 품어주자.

  '그래, 난 나를 사랑해!'

# 먼저 다가가 손을 내밀다

'카인드 헬시 스낵스'는 '카인드 바'로 유명한 미국의 세계적인 식품 기업이다. 이 회사의 창업자는 리투아니아 출신의 유대인, 다니엘 루베츠키다. 제2차 세계대전 당시 독일군은 그의 아버지가 살던 아파트의 유대인을 모두 학살했다. 하지만 아파트 경비원이 그의 아버지에게 미리 정보를 알려준 덕분에 루베츠키의 가족은 목숨을 건질 수 있었다.

"나는 독일군들을 데려와 여기 아파트에 사는 유대인들을 모두 죽일 겁니다. 당신만 빼고 말입니다. 당신은 내게 손을 내밀어 악수를 청한 사람이니까요. 내게 작은 보드카 한 병을 주었고, 점잖게 말을 건넸지요. 당신은 좋은 사람입니다."

냉동식품 가공 공장에서 일하는 한 여직원이 있었다.

어느 날, 그녀는 퇴근하기에 앞서 늘 하던 대로 냉동 창고에 들어가 점검을 했다. 그런데 실수로 냉동 창고의 문을 닫아 버리고 말았다. 한참 시간이 흘렀지만, 밖에서는 아무 기척도 없었고 여직원의 몸은 감각을 느끼지 못할 정도로 얼어붙었다. 그때 누군가가 냉동 창고 문을 열었다. 뜻밖에도 그 사람은 공장 입구를 지키는 경비원이었다.

그녀는 경비원에게 감사의 인사를 전하고는 어떻게 자기가 거기 있는 걸 알았는지 물었다. 경비원은 자신이 공장에서 일한 지 수십 년이 됐지만, 그녀 말고는 누구도 그에게 다정한 말로 인사를 건네는 사람이 없었다고 말했다. 그녀는 언제나 출근할 때면 "안녕하세요!", 퇴근할 때는 "수고하세요!"라며 인사를 건넸다. 그런데 그날은 퇴근 시간이 됐는데도 그녀의 모습이 보이지 않았고, 이를 의아하게 여긴 경비원이 공장 안을 여기저기 찾아다니다가 냉동 창고까지 열어본 것이었다. 경비원은 이렇게 말했다.

"사람들은 모두 나를 하찮은 사람으로 여겼지만, 당신은 매일 나에게 다정히 인사를 건네주었지요. 그래서 늘 당신이 기다려졌답니다. 내가 그래도 사람대접을 받는다고 느꼈거든요."

어느 은행 강도가 범행을 위해 은행 영업점 안으로 들어섰다. 그런데 직원들이 모두 "어서 오세요."라며 큰 소리로 인사를 건네는 게 아닌가. 청원경찰은 그에게 다가와 미소 띤 얼굴로 "무엇을 도와드릴까요?"라고 묻기까지 했다. 은행 직원들의 예상치 못한 친절에 당황한 그는 서둘러 은행 문을 나섰다. 그리고 길 건너편에 있는 다른 은행으로 발길을 돌렸다. 강도마저 감동케 한 놀라운 '고객 만족 서비스'였다.

"친절은 청각 장애인도 들을 수 있고, 시각 장애인도 들을 수 있는 언어이다Kindness is the language which the deaf can hear and the blind can see."

미국의 소설가 마크 트웨인이 한 말이다.

오래전, 제법 나이가 지긋한 학생이 내 강의를 들은 적이 있었다. 강의의 핵심은 '누구에게라도 먼저 다가가 눈을 맞추고 마음을 열고 손을 내밀어라. 그리고 함께 나누어라'였다. 학기가 시작되고 몇 주가 지난 뒤, 그 학생이 내게로 와서 이렇게 말했다.

"교수님 덕분에 제 인생이 바뀌었습니다."

그 학생은 어느 중소기업의 임원이었다. 예전에는 여비서에게 퉁명스러운 말투로 심부름을 시켰다고 한다. "아까 말한 서류 가져와!" 그런데 내 강의를 듣고 나서는 "아까 말한 서류 좀 가져다줄래요?"로 바뀌었다. 그는 여비서가 얼굴을 붉히며 당황해하는 표정을 보았다고 한다. 서류를 받고 나서는 밝은 표정으로 "고마워요. 수고했어요."라고 말했다. 그 뒤로는 회사 분위기가 무척 밝아졌다고 한다.

그뿐만 아니라 그 학생의 집안 분위기도 완전히 바뀌었다고 했다. 예전에는 저녁을 먹고 나서 아무 말도 하지 않았는데, 부인에게 환한 미소를 지으며 "여보, 저녁 맛있게 잘 먹었어."라고 했다.

그러자 부인이 화들짝 놀라며 자신을 뚫어지게 쳐다보았다고 한다. 그리고 취업을 하지 못한 20대 아들을 야단치기만 했었는데, "그래, 오늘 많이 힘들었지?"라며 다독여주었다. 그 순간, 아빠와 아들 사이에 놓여 있던 불신과 불통의 벽이 한순간에 무너져 내렸다.

우리말에 '친절한 동정은 철문으로도 들어간다'라는 속담이 있다. 진심으로 염려하고 아끼는 마음은 아무리 무뚝뚝한 사람이라도 느끼기 마련이라는 뜻이다. 내가 진심으로 대하면, 상대방은 나의 진심을 느낄 수밖에 없다. 비록 상대방이 거칠고 거만하게 나와도 내가 상냥하고 친절하게 대하면, 상대방은 더는 자신의 무례함을 고집할 수 없다.

친절은 부메랑 같은 것이다. 내가 친절을 베풀면, 언젠가는 내게로 돌아온다. 따뜻한 말 한마디, 다정한 인사, 친절한 행동이 일상의 행복을 가져오고 놀라운 기적을 만들어낸다.

# 거짓이 더 진실에 가까울 때가 있다

    나치 독일이 점령한 프랑스에서 1만 명에 달하는 유대인의 생명을 구한 영웅이 있다. 아돌포 카민스키라는 인물이다. 제2차 세계대전 당시 10대 소년이었던 그는 신분증을 위조해 수많은 유대인의 생명을 구했다.

    그는 프랑스 정부가 발급한 신분증에서 유대계 프랑스인이 즐겨 사용하는 이름을 지우고 프랑스풍의 새로운 이름을 새겨 넣었다. 3일 안에 900장의 출생증명서를 위조해달라는 주문을 받은 적도 있었다. 그가 밤을 새워 만든 위조 문서로 유대인 어린이들은 스위스나 스페인 등 인근 국가로 탈출할 수 있었다. 당시 그는 이틀 밤을 꼬박 새워 위조 문서를 만들었다.

    "1시간에 30장의 문서를 만들 수 있는데, 내가 1시간 잠을 자면 30명의 생명이 사라집니다."

그는 위조 문서를 만들어준 대가로 단 한 푼의 돈도 받지 않았다. 결국 그의 거짓말은 억만금으로도 살 수 없는 소중한 생명을 구했다.


독일 뒤셀도르프의 어느 버스 정류장에는 버스가 오지 않는다. 치매 노인들을 위한 '가짜 정류장'이기 때문이다. 요양원 밖으로 나온 어르신들은 눈앞에 보이는 가짜 버스 정류장에 자리를 잡고 앉는다. 얼마 뒤에는 자신들이 왜 그곳에 앉아 있는지조차 잊고 만다. 그때 요양원 직원이 다가와 다정하게 말을 건넨다.

"버스가 늦어지고 있는데, 커피라도 한잔하시겠어요?"

잠시 후 어르신들은 자리에서 일어나 하나둘 요양원으로 발걸음을 옮긴다. 아무리 기다려도 버스가 오지 않는 가짜 정류장이 치매 노인들의 '휴식처'이자 '안식처'가 되었다. 지금은 독일뿐만 아니라 유럽의 다른 나라에서도 가짜 버스 정류장이 점차 확대되고 있다.


돌아갈 집이 없다는 슬픈 현실을 일러주기보다 집에 돌아갈 수 있다는 작은 행복감을 느끼게 해주는 것, 이것이 세상에서 가장 착한 거짓말이 아닐까.

사랑은 보편적이고 절대적인 진리다. 그 진리를 실천하기 위해 감내해야 하는 거짓이라면, 그건 더 이상 거짓이 아닐지도 모른다. 인생을 살다 보면, '차가운' 진실보다 따뜻한 '거짓'이 더 진실에 가까울 때가 있다. 진정성과 지고한 사랑이 담긴 거짓은 진실보다 더 아름답다. 사랑이 진짜라면, 모든 게 진짜가 될 수 있다.

# 나눔은 행복이다

'노블레스 오블리주noblesse oblige'는 사회의 지도층 인사에게 요구되는 도덕적 의무와 책임을 일컫는 말이다. 오늘날 노블레스 오블리주는 사회적 갈등과 대립을 해소하고 통합을 일궈내는 도덕적 의무를 뜻하기도 한다. 즉 권리를 주장하기에 앞서 의무를 실천하는 사람들, 자신의 이익에 앞서 사회적 안녕과 공익을 내세우는 사람들의 고귀한 이름이다. 어마어마한 자산을 사회에 기부하는 빌 게이츠나 워런 버핏, 찰스 피니와 같은 인물들은 미국 사회뿐만 아니라 전 세계에 커다란 감동을 전한다.

우리에게도 '한국판 노블레스 오블리주'가 있다.
'사랑의 연탄'이 있고 '사랑의 콘서트'가 있다. '사랑의 나눔 잔치'도 있고 '나눔 장터'도 있다. 평범한 우리 이웃들도 기꺼이 아름다운 나눔에 동참하고 있다. 배고픈 이들과 아픈 이들, 버림받은 이들에게 사랑을 전하는 '익명의 천사'들도 많다.

강원도 원주시에는 이상한 짜장면 가게가 있다. 음식점 안을 아무리 둘러봐도 가격표는 보이지 않고, 그 대신 작은 모금함이 탁자 위에 놓여 있다. 이 가게는 홀로 사는 노인이나 장애인, 기초생활수급자와 같은 어려운 이웃에게 공짜로 짜장면을 제공한다. 휠체어를 탄 사람들이 자유롭게 찾아올 수 있도록 가게 문턱까지 없앴다.

주변 이웃들도 한마음으로 도움의 손길을 내민다. 건물 주인은 월세를 깎아주고, 주민들은 서로 돌아가면서 봉사한다. 정기적으로 후원하는 사람들도 있고, 짜장면 한 그릇을 먹고 나서 거액의 기부금을 내는 손님도 있다. 이쯤 되면 세상에서 가장 비싼 짜장면이라고 해도 과언이 아니다. 따뜻한 사랑으로 만드는 이 가게의 짜장면은 값을 매길 수도 없다.

진정한 부자는 '배부른' 사람이 아니라 '베푸는' 사람이다. 함께 나눌 수 있기에 진정으로 행복하다.

별로 가진 게 없어도 얼마든지 나눌 수 있다. 추운 겨울날에 먹이를 구하기 힘든 날짐승을 위해 남겨 두는 까치밥도 배려와 나눔이다. 물질적인 소유뿐만 아니라 지식이나 경험도 나눌 수 있고, 심지어 마음과 영혼도 나눌 수 있다. 진정한 나눔은 내가 가진 걸 내어놓는 게 아니라 나 자신을 오롯이 내어주는 것이다.

# 가까이 할 수도, 멀리 할 수도 없다

초등학교 담임선생님이 아이들에게 숙제를 내주었다. 부모님이 가장 소중하게 여기는 물건을 그려 오라는 숙제였다. 아이들은 값비싼 그림이나 도자기, 유명 브랜드 시계, 골프채 등을 그려 왔다. 그런데 한 아이의 도화지에는 낡고 구겨진 베개가 그려져 있었다. 친구들은 그 그림을 보고 웃음을 터뜨렸다. 아이는 얼굴을 붉힌 채 말했다.

"이건 우리 엄마가 베고 주무시던 베개예요. 우리 엄마는 작년에 돌아가셔서 더 이상 이 베개를 벨 수가 없어요. 그런데 우리 아빠는 밤마다 이 베개를 침상에 두고 주무세요. 우리 아빠에게는 이 베개가 세상에서 가장 소중한 물건이에요. 난 엄마의 베개를 볼 때마다 엄마가 너무 보고 싶어요."

아이는 목이 메어 말을 잇지 못했다. 떠들썩하던 교실이 갑자기 조용해지더니 이내 눈물바다가 되었다.

어느 부부가 새로 이사한 아파트에 벽지를 바르고 있었다. 아이 방도 예쁜 벽지로 도배해 놓았다. 그런데 부부가 잠시 자리를 비운 사이에 아이가 도배한 벽에 낙서를 했다.

　'엄마 아빠, 사랑해요.'

　부부는 낙서를 지우지 않기로 했다.


　어느 날, 아들이 병원에 입원해 있던 아버지와 함께 산책에 나섰다. 두 사람은 벤치에 앉아 잠시 쉬어가기로 했다. 아들은 손에 들고 있던 책을 읽기 시작했다. 아버지가 나무 위에 앉아 있는 새를 가리키며 아들에게 물었다.

　"얘야, 저게 무슨 새니?"

　아들이 대답했다.

　"아버지, 저건 참새예요."

　몇 분 뒤에 아버지가 다시 물었다.

　"저게 무슨 새니?"

　아들은 얼굴을 찌푸리며 말했다.

　"아까 말씀드렸잖아요, 참새라고요."

　얼마나 시간이 지났을까. 아버지가 다시 아들에게 물었다.

　"저게 무슨 새니?"

　아들은 책을 덮으며 큰 소리로 말했다.

　"참새라니까요! 몇 번을 말해야 알아들으시겠어요!"

아버지는 깜짝 놀란 듯한 표정으로 아들을 쳐다보았다. 그러고는 아무 말도 하지 않았다.

얼마 지나지 않아 아버지가 세상을 떠났다. 집에서 아버지의 유품을 정리하던 아들은 빛바랜 일기장을 발견했다. 아버지의 일기장이었다.

그 일기장에는 이렇게 쓰여 있었다.

'오늘 세 살 된 아들과 공원에 갔다. 참새 한 마리가 날아와 나무에 앉았다. 아들이 천진난만한 얼굴로 내게 물었다. "아빠, 저게 무슨 새예요?" "애야, 저건 참새란다." 아들은 신기한 표정을 지으며 환하게 웃었다. 그리고 스무 번 넘게 새의 이름을 물었다. 나는 아들에게 스무 번 넘게 말해주었다. "저건 참새란다." 그때마다 아들은 마냥 즐거워했다.'

'엄마 없이는 못 살지만, 엄마랑은 못 산다' 인터넷에 올라온 글이다. '불가근불가원不可近不可遠', '가까이할 수도, 멀리할 수도 없다'라는 말이다. '가까이하기도 멀리하기도 싫다'라는 말이 될 수도 있다. 엄마와 한집에서 살기 싫으면 떨어져 살면 된다. 그런데 그건 엄마가 이 세상에 있을 때의 일이다. 엄마가 없으면 그마저도 할 수 없다.

'무가지보無價之寶'는 값을 매길 수 없을 만큼 귀중한 보배를 말한다. 가치가 없는 게 아니라 가치가 너무 크기 때문에 값으로 따질 수 없다. 우리가 쬐는 햇볕, 우리가 숨 쉬는 공기와 마시는 물도 언제나 우리 곁에 있다. 부모님의 사랑도 마찬가지이며, 그래서 지극히 당연하게 여긴다. 그런데 우리가 당연하게 여기는 그것이 바로 불가사의다. 우리가 당연하게 생각할 만큼 항상 우리 곁에 있기 때문이다.

지금의 나는 부모의 사랑 덕분에 존재한다고 해도 과언이 아니다. 당연하면서도 불가사의한 것, 그것이 부모의 무한한 사랑이다. 그러니 그 사랑에 무한히 감사하는 것 또한 지극히 당연한 일이다.

자기 자신을 믿어라.
그러면 어떻게 살아야 할지 알게 될 것이다.

**요한 볼프강 폰 괴테** Johann Wolfgang von Goethe

# 세상에 맞서기
# 힘겨운 나

## # 용기의 조건 #

세상에는 나와 다른 사람이 너무 많아.

# 맑은 날만 계속되면 사막이 된다

'문명 앞에는 숲이 있고, 문명 뒤에는 사막이 있다 Les forêts précèdent les peuples, les déserts les suivent.'

19세기 프랑스의 외교관이었던 샤토브리앙이 한 말이다. 직역하면 '숲이 사람들을 앞서가고, 사막이 그들을 뒤따른다'가 된다. 한마디로 문명이 자연을 해친다는 뜻으로 성장이라는 명분 아래 우리가 소중한 자연을 파괴하고 있음을 말한다.

자연이 황폐해지면 인간성도 황폐해지기 마련이다. 우리도 경쟁이라는 명분 아래, 인간이라는 숲을 사막으로 만들고 있는 건 아닌지 모르겠다.

'맑은 날만 계속되면 사막이 된다'라는 속담이 있다. 비도 오고 바람이 불어야 비옥한 땅이 될 수 있다. 비가 온 뒤에야 아름다운 무지개를 볼 수 있고, 먹구름이 걷힌 뒤에야 다시금 아름다운 하늘을 맞이할 수 있다.

꽃길만 걸으려고 하지 마라. 때로는 가시밭길을 헤쳐 나가
야 할 때도 있다. 날이 흐리다고 내 인생이 흐린 건 아니다.

그러니 맑은 날만 바라지 말자. 우리에게는 흐린 날도, 비 오는
날도 필요하다. 성공만을 바라지 말자. 때로는 실패도 필요한 법
이다. 그래야 더욱 분발하고 더욱 감사할 수 있다. 성공의 열매는
실패를 경험한 사람만이 오롯이 맛볼 수 있다. 내 인생의 맑은 날
은 흐린 날 덕분에 한층 더 환히 빛날 테니까.

# 외모는 꾸미는 게 아니라 가꾸는 것이다

'포템킨 경제'는 겉으로 성장한 것처럼 보이지만, 실제로는 취약한 경제 상황을 가리킨다. 이 용어는 18세기 후반 러시아 제국의 그리고리 포템킨이 자신의 관할지에 빈집과 허수아비를 세워두고, 그곳을 지나가는 여제 예카테리나 2세의 눈을 속인 데서 유래한다. 실속은 없으면서 겉으로 보기에만 번지르르한 걸 비꼬는 말이다.

옛날 어느 고을의 원님이 나무꾼으로 변장하고 마을을 두루 살피고 다녔다. 한참을 돌아다닌 탓에 목이 말랐다. 마침 고래 등 같은 기와집이 보였다. 원님은 주저 없이 그 집 대문을 두드렸다.

"이리 오너라!"

하인이 문을 열고 나왔다.

"무슨 일이오?"

"지나가는 나무꾼인데 목이 말라 그러니 시원한 물 좀 얻어 마실 수 있겠소?"

하인은 원님을 아래위로 훑어보고는 집 안으로 들어갔다. 그리고 주인 영감에게 자초지종을 설명했다. 영감이 말했다.

"나무꾼님이 목마르다고 하시는데 바가지로 퍼다 드리거라."

잠시 뒤, 하인은 물바가지를 들고나오더니 원님에게 물을 끼얹었다. 원님은 예기치 않은 대접에 깜짝 놀라 소리를 질렀다.

"아니, 이게 무슨 행패요?"

안에서는 주인 영감의 호통 소리가 들려왔다.

"이놈아, 나무꾼이 어디 건방지게 양반 말투를 해가며 머리를 꼿꼿이 들고 물을 달라고 하느냐!"

원님은 곧바로 동헌으로 돌아와 관복으로 갈아입었다. 그리고 다시 부잣집을 찾아갔다. 주인 영감은 원님을 보자마자 버선발로 뛰어나왔다. 그러고는 하인에게 진수성찬을 내오라고 일렀다. 얼마 뒤, 산해진미가 가득한 상이 차려져 나왔다. 원님은 상 위에 있는 음식을 자기 옷에 쏟아부었다. 주인 영감은 몹시 당황했다.

"상이 초라해 죄송합니다. 다시 준비해 올리겠습니다."

그러자 원님이 말했다.

"이 상은 사람이 아니라 내 옷을 보고 차린 것이니 마땅히 옷이 음식을 먹어야 하지 않겠소?"


한 설문조사에서 응답자의 86%가 우리 인생에서 외모가 중요하다고 답했다. 또 다른 설문조사에서는 취업준비생 98%가 외모가 취업에 영향을 미친다고 답했다. 기업의 인사담당자 가운데 98%가 채용 면접에서 외모를 고려한다고 했다.

외모는 취업이나 결혼 등 인생 전반에 걸쳐 적지 않은 영향을 미친다. 외모에 따라 개인의 우열이 결정되기도 한다. 외모에 대한 집착이 편견이나 차별을 강화하는 요인이 되기도 한다. 하지만 외모가 경쟁력이 되고 권력이 되는 사회는 분명 잘못된 사회다.

SNS에서도 너도나도 멋진 글이나 사진을 올린다. 그런데 '치장治粧'을 넘어 '가장假裝' 하는 경우가 많다. 곱게 꾸미는 게 아니라 거짓으로 꾸민다는 말이다. 아름다움은 꾸미는 게 아니라 가꾸는 것이어야 한다. 있는 그대로의 나를 정성껏 키워내는 것이어야 한다.

'물취이모勿取以貌' 외모로 사람을 판단하지 말라는 뜻이다. 독일의 철학자 발터 벤야민은 예술작품에서 우러나오는 고유한 분위기를 '아우라Aura'라고 했다. 누구나 자신만의 아름다움 즉 아우라를 지니고 있다. 겉으로 꾸며진 아름다움이나 사회적으로 강요된 아름다움이 아니라 본연의 원초적인 아름다움이다. 내면의 아름다움은 대체 불가능한 아름다움이고, 무한의 아름다움이다.

# 시각을 달리하면 본질이 드러난다

달리는 기차 안에서 공을 위로 던지면 어떻게 될까?

기차 안에서는 공이 수직 운동을 하는 것처럼 보이지만, 기차 밖에서는 포물선 운동을 하는 것처럼 보인다. 그러나 직선 궤도와 곡선 궤도 가운데 단 하나의 절대 위치는 존재하지 않는다. 상황에 따라 관찰하고 평가하는 상대적 위치만이 가능하기 때문이다.

직선 궤도를 그리든 곡선 궤도를 그리든 공은 움직인다. 단지 보는 위치에 따라 달리 보일 뿐이다.

우리 인생도 그렇다. 내가 걷는 인생길이 다른 사람의 눈에는 달리 보일 수도 있다. 중요한 건 공이 움직인다는 사실이고, 내가 움직이고 있다는 사실이다. 그러니 남의 시선을 의식하지 말자. 남의 눈에 비친 나의 모습은 중요하지 않다. 나에게 주어진 길을 열심히 달려가면 그만이다.

푸에르토리코 국립미술관에 〈노인과 여인〉이라는 그림이 있다. 한 노인이 허리 뒤로 손목이 묶인 채 젊은 여인의 젖을 빠는 그림인데, 매우 부자연스럽고 기괴한 애정 행각처럼 보인다. 이 그림은 바로크 미술의 대표적 작가인 파울 루벤스의 명작이다. 이 그림을 처음 보는 사람들은 모두 의아해한다. 하지만 그림에는 감동적인 진실이 숨겨져 있다.

노인은 젊은 여인의 아버지다. 그는 독재정권에 맞서 자유를 위해 싸우다 투옥되었다. 그의 딸은 해산한 지 얼마 되지 않은 몸으로 아버지를 찾아갔다. 그리고 '음식물 반입금지'라는 규정 때문에 아버지의 입에 자신의 젖을 물린다. 이 작품의 본질은 부녀간의 숭고한 사랑과 헌신이다.


한 나무꾼이 산에 나무를 하러 갔다. 그런데 그의 손에 잡힌 나뭇가지가 갑자기 꿈틀대는 게 아닌가. 그 나뭇가지는 나무 아래서 잠자고 있던 호랑이 꼬리였다. 말 그대로 잠자는 호랑이를 건드렸다.

나무꾼은 황급히 나무 위로 기어 올라갔고, 호랑이는 나무를 마구 흔들어댔다. 한참을 버티던 나무꾼은 나무에서 떨어지고 말았다. 그런데 하필 그가 떨어진 곳이 다름 아닌 호랑이 등이었다. 이번에는 화들짝 놀란 호랑이가 자기 몸을 마구 흔들어댔다. 나무꾼은 호랑이 등에서 떨어지지 않기 위해 안간힘을 썼다. 호랑이는 나무꾼을 등에 업은 채 내달리기 시작했다.

밭에서 일하던 농부가 이 광경을 보고는 불평을 늘어놓았다.
"나는 이 무더위에 죽도록 일하는데, 저놈은 팔자가 좋아 호랑이
를 타고 노는구나!"

농부의 눈에는 살기 위해 호랑이를 부여잡은 나무꾼이 마냥 부
러웠던 거다.

세상 사는 게 그렇다. 세상 이치가 그렇다. 남들은 모두 행복해
보인다. 행복의 가면으로 불행을 감추고 있기 때문이다. 어쩌면
겉으로 드러난 행복 뒤에 무시무시한 불행이 숨겨져 있는지도 모
른다.

> 살다 보면, 누구나 불행을 겪기 마련이다. 그러니 나만 불행
> 하다고 생각하지 말자. 그리고 내가 겪는 불행이 가장 힘들다
> 고 생각하지도 말자. 나만 불행한 것도 아니고, 내가 가장 불
> 행한 것도 아니다.

겉으로 보이는 행복을 행복이라고 믿지 마라. 거짓 행복에 장단
을 맞추지 마라. 행복을 가장한 불행 때문에 나 자신의 소중한 행
복을 잃어버린다면, 그보다 더 억울한 일이 어디 있겠는가.

내면의 진실은 내면의 눈으로 들여다보아야 한다. 남의 시각이
아니라 온전히 나의 시각에서 바라보아야 한다. 그리고 본질을 깨

닫기 위해 노력해야 한다. 본질을 깨달으면 시각이 달라진다. 아
니, 시각을 달리하면 본질이 드러난다.

# 네 죄를 네가 알렷다

'투우鬪牛는 왜 빨간색만 보면 흥분할까?'

투우는 색맹이라서 색을 구별하지 못한다. 천이 펄럭이는 걸 보고 흥분하는 것일 뿐이다. 어쩌면 투우가 빨간색 망토에 흥분하는 게 아니라 관중의 열기에 더 흥분하는 건지도 모른다.

프랑스의 우화 작가 라퐁텐이 쓴 《늑대와 어린 양》의 내용이다. 무더운 여름날, 어린 양이 시냇가에서 물을 마시고 있었다. 그때 늑대 한 마리가 나타나 어린 양에게 호통을 쳤다.

"어린놈이 감히 내가 마실 물을 흐리다니!"

어린 양이 잔뜩 겁에 질린 채 말했다.

"저는 늑대 님이 마시는 물 아래쪽에 있는데 어떻게 물이 흐려질 수 있나요?"

늑대는 말문이 막혔지만 막무가내로 다그쳤다.

"작년에 날 욕하고 도망친 놈이 바로 네놈이지?"

어린 양이 황당한 표정을 지으며 말했다.

"저는 작년에 태어나지도 않았는데요?"

늑대는 계속 억지를 부렸다.

"그렇다면 그놈이 네 형이구나! 널 잡아먹더라도 날 원망하지 말아라!"

그러고는 어린 양을 숲속으로 끌고 가버렸다.


"네 죄를 네가 알렷다!" 이 말은 우리나라 사극에서 종종 들을 수 있는 대사다. 재판관이 범죄 피의자에게 죄를 물을 때 하는 말이다. 그런데 이 말은 전제부터 잘못되었다. 이미 상대방이 죄를 저질렀다고 가정하기 때문이다. 죄가 없는데도 죄를 자백하라는 건 억지일 뿐이다. 유럽 중세를 풍미했던 마녀사냥도 마찬가지다. 이 세상에 마녀는 없다. 마녀를 쫓아다니는 사냥꾼만 있을 뿐이다.


1894년, 프랑스에서 알프레드 드레퓌스 대위가 간첩 혐의로 구속되었다. 드레퓌스는 독일계 유대인이었다. 그 당시 프랑스에는 반유대주의와 반독일 정서가 사회 전반에 팽배해 있었다. 프랑스 정부는 그런 여론에 편승해 아무 죄 없는 그에게 죄를 뒤집어씌웠다.

프랑스 소설가 에밀 졸라는 '나는 고발한다'라는 제목의 기고문을 신문에 게재했다. 그의 기고문은 프랑스 사회에 커다란 반향을 일으켰다. 오랜 투쟁 끝에 드레퓌스는 최고 재판소에서 무죄를 선고받고 소령으로 군에 복귀할 수 있었다.

지금도 우리 사회에서는 여론 재판이 횡행하고 있다. '무죄 추정의 원칙'은 온데간데없고, '유죄 추정의 원칙'이 활개를 친다. 아무 근거도 없이 다짜고짜 윽박지르고 무조건 매부터 든다. 죄 없는 사람에게 매를 드는 것, 그것이 바로 죄가 아닐까.

공부를 못하는 게 죄가 될 수 없다. 성공하지 못한다고 죄를 물을 수는 없다. 그런데도 공부를 못하면 죄인이 되고, 성공하지 못하면 죄인이 된다. 오히려 공부를 못한다고 잔소리하는 게 죄이고, 성공하지 못했다고 무시하는 게 죄가 아닐까.

죄를 추궁하기 전에 상대방이 죄를 지었는지부터 조심스레 살펴볼 일이다. 그리고 남을 탓하기 전에 자신부터 돌아볼 일이다.

내가 짓지도 않은 죄를 인정할 수는 없다. 그런 죄는 애당초 존재하지도 않는다. 사회로부터 강요된 죄는 내 죄가 아니다. 그러기에 나는 당당해야 한다. 그들 앞에서 주눅들 필요가 없다.

"네 죄를 네가 알렷다!"

"아니, 전혀 모르겠는데요!"

# 다름을 인정해야 공존할 수 있다

어느 대학교 기숙사에서 있었던 일이다.

같은 고향 출신인 두 친구가 사감에게 부탁해 같은 방을 배정받았다. 기숙사에 입주한 지 얼마 지나지 않아 이들 사이에 말다툼이 벌어졌다. 그런데 황당하게도 싸움의 발단은 다름 아닌 슬리퍼 때문이었다. 한 친구는 슬리퍼 앞부분을 문을 향해 놓아두는 걸 원하고, 다른 친구는 거실을 향해 놓아두는 걸 원했다.

때마침 옆방에 사는 기숙생이 둘이 다투는 걸 보고 끼어들었다. 친구들은 그에게 누가 옳은지 물었다. 서로 그가 자기를 편들어주길 바라는 눈치였지만, 그는 두 사람을 쳐다보며 시큰둥한 표정으로 말했다.

"나는 슬리퍼 안 신고 그냥 맨발로 다녀."

〈아이 캔 스피크〉에서 열연한 탤런트 나문희 씨가 청룡영화제에서 여우주연상을 차지했다.

"친정어머니와 어머니의 하나님께, 나문희의 부처님께 감사드립니다."

그녀의 수상 소감이다.

《걸리버 여행기》는 영국 작가 조나단 스위프트가 지은 풍자 소설이다. 주인공 걸리버는 항해 도중 폭풍우를 만나 정처 없이 떠돌아다니며 진기한 경험을 한다. 그는 소인국에서 부족 간의 전쟁에 휘말리게 된다. 한 부족은 삶은 달걀을 뾰족한 쪽부터 깨야 한다고 믿고, 다른 부족은 둥근 쪽부터 깨야 한다고 믿는다. 달걀 깨는 취향의 차이 때문에 여러 차례 반란이 일어나고 수많은 사람이 목숨을 잃는다.

《밤을 사랑한 원숭이 낮을 사랑한 원숭이》라는 책이 있다. 원숭이의 이름은 해몽이와 달몽이다. 둘은 습성이나 식성이 너무 다르다. 주행성인 해몽이는 낮에만 활동하고 밤에는 잠만 잔다. 반면에 야행성인 달몽이는 밤에만 활동하고 낮에는 잠만 잔다. 우연한 기회에 해몽이는 달몽이를 통해 밤의 세계를 경험하게 된다. 해몽이에게 밤의 세계는 무척 놀랍고 신기했다. 달몽이도 해몽이 덕분에 낯설고 신비로운 낮의 세계를 경험한다. 이렇게 두 원숭이는 다른 세계를 알게 되고 서로를 잘 이해하게 된다.

영어로 'agree to disagree'라는 표현이 있다. 'agree to differ'라고도 한다. '의견의 차이를 인정하다', '다를 수 있음을 인정하다'로 해석할 수 있다. 공존은 다름을 인정하는 데서 시작된다. 모든 존재의 본질은 같다. 다만 보는 시각에 따라 다르게 보일 뿐이다.

> 이 세상에 나와 똑같은 사람은 없다. 서로 다르기 때문에 서로를 바라보고, 서로에게 끌린다. 남과 다름을 인정하면, 치열한 경쟁의 틈바구니에서 조금은 벗어날 수 있다. 그러면 내 마음도 차분해지고 편안해질 수 있다.

'화이부동和而不同'이라는 말이 있다. 두루 어울리면서도 무리를 짓지 않는다는 뜻이다. '구동존이求同存異'는 같음을 지향하면서도 다름을 인정한다는 의미이다. 다름을 인정하는 건 개인이나 집단, 이념이나 인종, 종교 간에 생겨나는 갈등을 해소할 수 있는 최선의 방법이다.

남이 다르게 생각하고 다르게 말한다고 해서 절대 틀린 게 아니다. 그냥 나와 다른 것뿐이다. 서로 다름을 이해하고 존중한다면, 분명 조화롭게 살아갈 수 있는 지평이 열릴 것이다.

# 사소한 게 결코 사소한 게 아니다

한 베두인족 노인이 칠면조를 기르고 있었다. 그런데 어느 날, 칠면조가 보이지 않았다. 노인은 곧바로 아들들을 불러 모았다.

"지금 우리에게 큰 위기가 닥쳤다. 누군가가 칠면조를 훔쳐 갔다."

아들들은 속으로 생각했다. '칠면조 한 마리 사라진 게 무슨 위기라고 하시는 건가!' 얼마 뒤, 이번에는 낙타가 사라졌다. 그리고 몇 주가 지난 뒤에는 말이 없어졌다. 급기야는 노인의 딸이 한밤중에 안 좋은 일을 당하는 사건이 벌어졌다.

노인은 다시 아들들을 불러놓고 차분하게 말했다.

"이 모든 게 칠면조 때문이다. 놈들이 칠면조를 훔쳐 갔을 때 충분히 대비했어야 했는데, 우리는 그렇게 하지 않아서 더 많은 걸 잃게 되었다."

'깨진 유리창의 법칙'이라는 게 있다. 방치된 작은 문제가 더 큰 문제로 비화한다는 이론이다. 차량이나 건물의 깨진 유리창을 그대로 내버려두면, 지나가던 사람들이 돌을 던져 나머지 유리창까지 깨뜨릴 수 있다. 그러면 그 지역에는 절도나 강도 같은 강력범죄가 발생할 가능성이 커진다. 급기야는 깨진 유리창 하나가 도시 전체의 안전을 해칠 수도 있다.

'나비효과'는 브라질 리우데자네이루에서 시작된 나비의 작은 날갯짓이 미국 텍사스에 거대한 토네이도를 일으킨다는 이론이다. 작고 사소한 사건 하나가 엄청난 효과를 가져온다는 의미로 쓰인다.

'도미노 이론'은 도미노의 패가 연이어 넘어지듯이 어떤 지역이 공산화되면, 그 영향이 인접 지역으로 파급되어 간다는 이론이다. 작은 눈덩이 하나가 거대한 눈사태를 일으키는 현상에서도 알 수 있다.

'하인리히 법칙'은 큰 재해가 발생하기에 앞서 그와 관련된 작은 사고나 이상 징후가 먼저 일어난다는 법칙이다. 큰 재해와 작은 사고, 이상 징후의 발생 비율을 근거로 '1:29:300 법칙'으로 부르기도 한다. 이 법칙은 사소한 잘못이나 문제를 방치하면, 나중에 감당하기 힘든 대형 사고로 이어질 수 있다는 경고의 메시지를 담고 있다.

우리말에 '호미로 막을 것을 가래로 막는다'라는 속담이 있다. 적은 힘으로 충분히 처리할 수 있는 문제를 내버려두면 나중에 훨

썬 더 많은 힘을 들이게 된다는 뜻이다.

강의실에 항상 늦게 들어오는 학생이 있었다. 나는 그 학생에게 사는 곳을 물었고, 놀랍게도 그는 학교 기숙사에서 지낸다고 답했다. 기숙사에서 강의실까지는 걸어서 5분 거리였다. 그 학생의 이야기를 듣고 다른 학생들은 모두 웃음을 터뜨렸다. 나는 그에게 얼마나 잠을 자는지 물은 뒤, 이렇게 말했다.

"1분 일찍 일어나는 게 어려운 일은 아니잖니. 내일부터 1분씩만 일찍 일어나도록 해보겠니? 그러면 두 달 뒤에는 한 시간 일찍 일어나게 될 거야."

한 학생이 자신은 술을 무척 좋아한다면서 소주 3병이 주량이라고 자랑스럽게 말했다. 나는 그에게 다가가 어깨를 두드리며 말했다.

"네가 정말 술을 좋아한다면, 지금부터라도 아껴서 마셔야 해. 지금 과도하게 술을 마시면, 간에 무리가 생겨 나중에는 술을 마시고 싶어도 마실 수 없게 될 거야. 그러니 술을 많이 하시려고 하지 말고 아껴 마시려고 노력해 봐. 또 술자리에서 한 모금씩만 줄여 마시다 보면, 나이가 들어서도 행복하게 술을 즐길 수 있게 될 거야."

아무리 좋아도 그게 잘못된 거라면, 바꾸어야 한다. 작은 것부터 바꾸어나가다 보면, 언젠가는 더욱 성숙하고 건강한 나를 발견할 수 있다.

모든 건 사소하고 작은 데서 시작한다. 개혁이나 혁신은 거창한 게 아니다. 사소한 실수나 잘못부터 고쳐나가는 것이다. 자기 혁신은 나의 마음가짐, 말 한마디, 행동 하나하나를 가다듬고 바로잡는 데서 시작해야 한다.

# 편견을 버리면 진실이 보인다

우리 사회에는 까마귀에 대한 편견이 적지 않다. 짙고 검은 깃털에 울음소리도 음침하게 들리기 때문이다. 우리말에 '까마귀 날자 배 떨어진다'라는 속담이 있다. 한자어로는 '오비이락烏飛梨落'이라고 한다. 아무 관련도 없는 일이 동시에 벌어지는 바람에 의심을 받게 되는 걸 가리킨다.

'염병에 까마귀 소리'라는 속담도 있다. 불길한 느낌 때문에 귀에 거슬리는 소리를 이르는 말이다. '병환에 까마귀'라는 속담도 있다. 불길한 징조가 늘어날 때 비유적으로 이르는 말이다. 곧잘 잊어버리는 사람을 놀릴 때는 '까마귀 고기를 먹었나'라는 속담을 인용하기도 한다. '까마귀밥이 됐다'라는 말은 죽음을 의미한다.

조선 광해군 시절, 선우당이 동생의 벼슬을 말리며 지은 시조가 있다.

까마귀 노는 곳에 백로야 가지 마라
희고 흰 깃에 검은 때 묻힐세라
진실로 검은 때 묻히면 씻을 길이 없으리라.

고려 말기의 충신 정몽주가 이성계를 문병하러 가던 날, 팔순의
노모가 꿈이 흉해 가지 말라며 부른 시조도 있다.

까마귀 싸우는 곳에 백로야 가지 마라
성낸 까마귀들이 너의 흰빛을 시샘하나니
맑은 물에 깨끗이 씻은 몸을 더럽힐까 하노라.

결국 정몽주는 돌아오는 길에 선죽교에서 이방원의 자객에게
피살되었다. 후에 세워진 노모의 비석은 늘 물기에 젖어 있었다고
전한다.

까치와 까마귀의 위상은 하늘과 땅만큼이나 차이가 크다.
'까치밥'은 날짐승이 먹게끔 따지 않고 몇 개 남겨 두는 감을 말
하고, '까마귀밥'은 음력 정월 대보름날에 까마귀 제삿날이라고 해
서 들판에 내다 버리는 잡곡밥을 말한다. 까치는 경계심이 많은
탓에 낯선 사람을 보면 울어댄다. 그래서 그런지 우리 조상들은
까치가 손님이 오는 걸 반긴다고 여겼다.

그런데 자세히 들여다보면, 까마귀에 대한 인식이 반드시 나쁜 것만은 아니다.

동양 신화에 나오는 '삼족오三足烏'는 태양 속에서 산다는 세 발 가진 까마귀다. 좋은 일과 나쁜 일을 미리 알려주는 신성한 새로 알려져 있다. 〈견우와 직녀〉 설화에서는 까마귀가 견우와 직녀의 만남을 위해 까치와 함께 머리를 맞대어 '오작교烏鵲橋'를 놓아주었다. 서양에서는 까마귀가 신의 전령傳令으로 여겨지기도 한다.

까마귀는 효조孝鳥라고도 불린다. 다 자란 까마귀가 어미에게 먹이를 물어다 줘 보은報恩한다는 데서 유래한 말이다. '반포지효反哺之孝'는 까마귀 새끼가 자라 늙은 어미에게 먹이를 물어다 주는 효孝라는 뜻이다. 우리말에 '안갚음'이라는 단어가 있다. 까마귀 새끼가 자라나 늙은 어미에게 먹이를 물어다 주는 걸 가리킨다. 자식이 성장해 부모를 봉양하는 것을 뜻하기도 한다. 까마귀를 청소동물淸掃動物이라고도 한다. 죽거나 썩은 고기를 먹어 환경을 정화하는 데 도움이 되기 때문이다. 그렇다면 까마귀는 길조吉鳥인가, 흉조凶鳥인가. 또 다른 질문도 해보자. 까마귀는 익조益鳥인가, 해조害鳥인가.

까마귀가 검다고 속까지 검은 건 아니다. 이제부터라도 까마귀에 대한 편견을 버리자. 편견을 버리면 객관적인 인식과 사고가 가능하고, 그래서 진실에 한 걸음 더 다가갈 수 있다.

편견을 버리기 위해서는 용기가 필요하다. 오래 굳어진 고정관념을 스스로 깨는 일이기 때문이다. 열등감이나 열패감도 하나의 편견이다. 자신에 대한 편견도 과감하게 버려야 한다. 나를 똑바로 마주하고 나에 대한 불편한 질문에도 기꺼이 답해야 한다. 그러면 나를 온전히 받아들일 수 있고, 지금의 나를 무한히 사랑할 수 있다.

편견에 대해 도전하라. 부당한 편견에 과감하게 맞서라. 편견을 버리면 내가 바로 설 수 있고, 나와 더불어 온 세상이 바로 설 수 있다.

# 내게 한계는 없다

개를 상자에 가두고 바닥에 전기 충격을 가했다. 개는 전기 충격에서 벗어나려고 연신 발버둥 쳤다. 하지만 밀폐된 상자에 갇혀 있었기 때문에 빠져나갈 수는 없었다. 시간이 지나면서 개는 점점 반응을 줄이더니 나중에는 전기 충격을 그대로 받아들였다. 미국의 긍정심리학자인 셀리그먼 교수가 밝힌 '학습된 무기력learned helplessness'이다.

한 생물학자가 벼룩 몇 마리를 유리병에 넣고 뚜껑을 덮었다. 벼룩들은 뛸 때마다 병뚜껑에 머리가 부딪쳤다. 한참이 지난 뒤에는 벼룩들이 병뚜껑에 닿지 않을 만큼만 뛰어올랐다. 나중에는 병뚜껑을 열어놓았는데도 이전과 같은 높이로만 뛰어올랐다. 한 마리도 유리병에서 빠져나갈 생각을 하지 않았다. 실패한 경험으로 인해 스스로 심리적으로 제한하는 '자기 한계' 때문이다. 내 안에 나를 가두는 것이다.

이번에는 유리병 바닥에 열을 가했다. 그랬더니 벼룩들이 죽을 힘을 다해 뛰기 시작했다. 그리고 모두 병 밖으로 탈출하는 데 성공했다. 극도의 위기 상황에서 살기 위해 자신이 설정한 한계를 뛰어넘은 것이다.

〈탈무드〉에는 '우유 통에 빠진 개구리 세 마리' 이야기가 나온다.

개구리 세 마리가 우유 통에 빠졌다. 첫 번째 개구리는 자신이 처한 현실을 그대로 받아들였다. 현실에 순응하고 체념한 것이다. 두 번째 개구리는 신을 원망하고 저주했다. 자신이 왜 이런 시련을 겪어야 하는지 받아들일 수 없었다. 그런데 세 번째 개구리는 우유 통에서 벗어나기 위해 다리를 마구 휘저어댔다. 그랬더니 얼마 지나지 않아 우유가 굳기 시작했다. 마침내 개구리는 응고된 우유를 밟고 올라 우유 통에서 빠져나올 수 있었다.

우리말에 '하늘이 무너져도 솟아날 구멍이 있다'라는 속담이 있다. 아무리 어려운 상황이라도 분명 헤쳐 나갈 방도가 있다는 말이다. 때로는 가만히 있는 것보다 허우적거리는 게 낫다.

1953년 인류 최초로 에베레스트산 등정에 성공한 뉴질랜드의 에드먼드 힐러리 경이 말했다. "내가 정복한 건 산이 아니라 나 자신이다." 유럽 대륙을 정복한 칭기즈칸은 "적은 내 안에 있다. 나를 극복하는 순간, 나는 칭기즈칸이 되었다."라고 말했다. "진리는 내 안에 있다." 원효대사가 한 말이다.

그렇다. 모든 건 내 안에 있다. 적도 친구도 진리도 내 안에 있다. 내가 정복해야 할 대상도 내 안에 있고, 내가 사랑해야 할 대상도 내 안에 있다.

한계는 내가 만들어내는 허상이다. 인생에 한계는 없다. 나를 구속하고 억압하는 한계를 뛰어넘어야 한다. 나의 한계를 극복하고 나를 온전히 사랑하는 순간, 나는 '무한無限한 존재로 거듭날 수 있다.

# 바른길로 가야 한다

윷놀이는 편을 갈라 윷으로 승부를 겨루는 놀이다. 우리 인생은 윷말을 두는 것과 비슷하다. 지름길이라고 생각한 길이 잘못된 길이기도 하고, 잘 가다가도 한순간에 잡히기도 한다. 혼자 가는 것보다 함께 가는 게 더 빨리 갈 때도 있다. 그래서 어느 길을 택하느냐가 중요하며, 순간의 선택에 승부가 갈린다. 윷은 던질 때보다 놓을 때가 더 중요하다. 자칫하면 한순간에 모든 노력이 수포가 될 수도 있다.

일본 오카야마현에서 마라톤 대회가 열렸다. 초등부 경기에서 꼴찌를 달리던 3학년 학생이 상급생들을 제치고 깜짝 우승했다. 처음에는 꼴찌로 달렸다. 그런데 선두에서 달리던 학생이 코스를 잘못 들어서는 바람에 다른 학생들도 모두 잘못된 코스를 달렸다. 우승한 학생은 꼴찌로 달린 덕분에 대회 관계자의 도움을 받아 정해진 코스를 완주할 수 있었다.

영국 선덜랜드에서 마라톤 경기가 열렸다. 그런데 1등으로 달리던 선수 한 명만 완주에 성공하고, 다른 선수들은 모두 실격 처리됐다. 2등으로 달리던 선수가 경로를 착각해 코스를 이탈했는데, 다른 선수들이 모두 그의 뒤를 따라 달렸기 때문이다.

우리는 인생을 마라톤에 비유하곤 한다. 힘들고 지쳐도 마지막까지 최선을 다해 달려야 하기 때문이다. 그런데 잘못된 길로 들어서면 모든 게 물거품이 되기도 한다. 바른길을 가야 내게 주어진 인생을 완주할 수 있다.

산을 오르는 데는 두 가지 철학이 있다. 하나는 등정주의登頂主義, peak hunting이고, 다른 하나는 등로주의登路主義, route finding다. 등정주의는 수단과 방법을 가리지 않고 정상에 오르는 걸 목표로 삼는 결과 중심주의다. 반면에 등로주의는 결과가 아닌 과정에 가치와 의미를 부여한다. 남이 가지 않은 길, 아무도 밟지 않은 길, 미지의 세계에 대한 도전이다.

"길이 끝나는 곳에서 비로소 등산은 시작된다." 영국의 등반가인 앨버트 머메리가 한 말이다. 우리 인생도 그렇다. 지금 당신이 서 있는 곳이 끝이라고 생각하지 말자. 넘어지더라도 포기하지 말고 다시금 일어서면, 거기서부터 당신의 인생이 새롭게 시작될 것이다.

# 진실을 마주할 용기를 갖자

　어느 날, 찰리 채플린이 시골로 여행을 떠났다. 때마침 마을에서는 '채플린 흉내 내기 대회'가 열리고 있었다. 장난기가 발동한 채플린은 자신의 신분을 숨기고 대회에 참가했다. 그런데 놀랍게도 그는 1등이 아닌 3등을 차지했다. '진짜' 채플린보다 더 실감 나게 연기한 '가짜' 채플린이 두 명이나 더 있었다는 말이다.

　어느 마을에서 거짓말 대회가 열렸다. 거짓말에 일가견이 있는 사람들이 모여들었고, 참가자들은 모두 능숙하게 거짓말을 늘어놓았다. 그런데 마지막으로 단상에 오른 사람은 앞선 사람들과는 사뭇 달랐다. 그는 한참을 머뭇거리더니 간신히 입을 열었다.
　"여러분, 저는 태어나서 지금까지 단 한 번도 거짓말을 해본 적이 없습니다. 그런데 주변 사람들이 참가해 보라고 해서 마지못해 이 자리에 섰습니다. 저는 거짓말하는 데 재주도 없고 자신도 없습니다. 더는 할 말이 없습니다. 죄송합니다."

그러고는 조용히 단상에서 내려왔다. 그런데 거짓말 대회에서 1등을 차지한 사람은 다름 아닌 그였다.

"이왕 거짓말을 하려면 될 수 있는 한 크게 하라. 대중은 작은 거짓말보다는 큰 거짓말을 잘 믿는다. 그리고 그것은 곧 진실이 된다." 나치 정권의 선전상宣傳相이었던 요제프 괴벨스가 한 말이다. 또 그는 이렇게 말했다. "거짓말은 처음에는 부정되고, 그다음에는 의심받지만, 되풀이하면 결국에는 모든 사람이 믿게 된다." 일본어에는 '거짓말도 백 번 하면 진실이 된다'라는 속담이 있다.

이 세상에는 참말 같은 거짓말도 있고, 거짓말 같은 참말도 있다. 살다 보면, 참과 거짓을 구별하는 게 힘들 때가 많다. 참을 참이라 하고, 거짓을 거짓이라 하는 게 힘들 때도 많다. 참과 거짓이 서로 뒤섞여 있기도 하다.

우리는 참을 가장한 거짓에 너무 쉽게 농락당한다. 거짓말이 참말보다 더 빨리 내 귀에 닿고 훨씬 더 달콤하기 때문이다. 이제라도 나를 유혹하는 거짓의 달콤함에서 벗어나야 한다. 거짓이라면 달아도 뱉어야 하고, 참이라면 써도 삼켜야 한다.

"진실은 지혜롭고 분별력이 뛰어난 사람만이 찾아낼 수 있는 외딴곳에 숨어 있다." 스페인의 철학자 발타자르 그라시안이 한 말이다. 내가 나답기 위해서는, 나답게 살기 위해서는 거짓의 가면을 벗고 진실에 다가서야 한다. 그리고 의연하게 진실을 마주해야한다. 지금 그대에게는 진실을 마주할 용기가 있는가.

때로는 미소를 지으며 인생을 살아가라.
그러면 인생이 너에게 미소 지어줄 것이다.

**찰리 채플린** Charles Chaplin

# 3장

# 늘 조바심 나며
# 불안한 나

## # 긍정의 조건 #

# 오늘은 내 생애 가장 젊은 날이다

"내가 죽는 걸 왜 걱정해야 해? 살아 있는 동안 일어나지 않을 텐데Why should I worry about dying? It's not going to happen in my lifetime." 뉴욕시립대 교수 레이먼드 스멀리언이 한 말이다. 그는 97세까지 즐겁게 살다 인생을 마감했다. 그리고 미국 32대 대통령의 부인 엘리너 루스벨트는 이렇게 말했다. "오늘은 지금까지 살아온 날 가운데 가장 나이 든 날이지만, 앞으로 살아갈 날 가운데 가장 젊은 날이다."

1979년, 하버드대 심리학과 교수인 엘렌 랭어는 정신이 신체에 미치는 영향을 연구했다. 이른바 '시계 거꾸로 돌리기counter clockwise'다. 랭어 교수는 70대 후반에서 80대 초반의 노인 8명을 1959년의 환경에서 생활하게 했다. 시계를 1979년에서 1959년으로 거꾸로 돌린 것이다.

1주일 뒤, 그들에게 놀라운 변화가 일어났다. 참가자들의 신체

나이와 기억력이 50대의 수준으로 향상된 것이다. 한 마디로 '회춘回春'이다. 우리나라에서도 6명의 참가자가 7일 동안 '30년 전으로 시간여행'을 떠났다. 결과는 마찬가지였다.

'시계 거꾸로 돌리기' 연구는 인간의 마음가짐이 얼마나 중요한지를 보여주는 사례이다. 이 연구는 노화와 인간의 한계에 대한 고정관념을 깨는 데도 이바지했다. 긍정적이며 젊은 마인드를 갖는다면 노화도 늦출 수 있다는 믿음을 심어 주었다.

2007년 〈뉴욕타임스〉가 주관한 '올해의 아이디어'에 선정된 실험이 있다. 호텔 객실 청소원들을 대상으로 시행한 심리 실험이다. 열악한 환경에서 일하는 청소원들은 대부분 건강 상태가 좋지 않았다. 혈압이나 체질량 지수, 체지방 비율 등 모든 지표가 부정적이었다. 그런데 자신이 하는 업무가 얼마나 훌륭한 운동인지를 설명해 주었더니 한 달 만에 이들의 건강 지표가 눈에 띄게 향상되었다. 자신에 대한 긍정적인 인식이 건강 변화를 불러온 것이다.

이렇듯 몸과 마음은 하나이다. 몸과 마음은 서로 영향을 주고받으며 상호의존적인 관계를 유지한다. 정신적으로 건강하지 못한 사람은 신체적으로도 건강하기 힘들다. 마찬가지로 몸이 건강하지 못하면, 마음이 건강하기도 힘들다. 몸과 마음이 건강해야 비로소 조화롭고 건강한 삶을 즐길 수 있다.

'여행은 다리가 떨릴 때가 아니라 가슴이 떨릴 때 가야 한다.'라는 말이 있다. 인생에서 가장 큰 걸림돌은 마음의 노화이다. 아무리 몸이 젊어도 마음이 젊지 않으면, 젊음의 특권을 누릴 수 없다. 그러니 젊어지려면 '마음 시계'를 늦추어야 한다. 누구도 시간을 거꾸로 돌릴 수는 없다. 하지만 얼마든지 늦출 수는 있다. 어쩌면 우리는 마음 시계를 늦추는 게 아니라 어긋난 시간을 바르게 맞추는 건지도 모른다.

# 마지막까지 포기하지 말자

"나는 전구 만들기에 실패한 것이 아니다. 다만 전구가 켜지지 않는 방법을 알게 된 것이다."

미국의 발명왕 에디슨이 한 말이다. 그는 2000번이나 실패를 거듭한 끝에 마침내 성공을 이뤄낼 수 있었다. '전구가 켜지지 않는 방법'을 깨달았기 때문에 '전구가 켜지는 방법'을 결국에는 터득하게 되었다. 실패의 원인을 알아야 성공할 수 있고, 오답을 알아야 정답을 알아낼 수 있다.

'실패는 성공의 어머니'라는 말이 있다. 내가 노력하지도 않으면서 성공하려고 한다면, 그건 지나친 욕심이다. 실패를 경험하지 않고 성공하려 한다면, 그것 또한 욕심일 뿐이다. 실패를 두려워해서도 안 되고, 실패했다고 해서 좌절하거나 절망해서도 안 된다. 실패하는 자에게만 다시금 도전할 기회가 주어지기 때문이다.

이스라엘에는 '다브카davca' 문화라는 게 있는데, 실패해도 비난하거나 책임을 묻지 않고, 역경을 딛고 일어설 수 있게 돕는다.

"많은 인생의 실패자들은 포기할 때 자신이 성공에서 얼마나 가까이 있었는지 모르는 사람들이다." 에디슨이 한 말이다. "실패가 계속되더라도 절대 포기하지 마라. 모든 실패는 성공에 다가가는 계단이기 때문이다." 이 말은 희망 전도사라고 불리는 닉 부이치치가 했다.

'야구는 9회 말 2사부터'라고 한다. '끝날 때까지 끝난 게 아니다'라는 말도 있다. 조선 시대 시인 김천택은 '가다가 중지 곧 하면 아니 감만 못하다'라고 읊었다. '당겨 놓은 화살을 놓을 수 없다'라는 우리 속담도 있다. '고지가 바로 저긴데 예서 말 수는 없다'는 이은상 시인의 글이다.

인간은 실패를 통해 많은 걸 배운다. 눈물을 배우고 아픔을 배우고, 그래서 인생을 배운다. 실패를 통해 더 강해지기도 하며, 인내심과 도전 정신 그리고 굳건한 삶의 의지를 키울 수 있다. 어찌 보면, 인생은 실패의 연속이다. 우리 인생은 단판 승부로 가려지는 게 아니다. 역전승의 짜릿한 맛은 패배를 경험한 사람만이 느낄 수 있는 인생의 값진 선물이다.

누구나 실패를 경험한다. 그건 인생에서 피할 수 없는 일이며, 어쩌면 지극히 당연한 건지도 모른다. 우리가 이 세상에 태어나 걸음마를 배우고 옹알이를 할 때 얼마나 많은 실패를 반복했는가.

실패는 성장을 위한 하나의 과정일 뿐이다. 중요한 건 어떻게 실패와 좌절을 이겨내고 다시금 도전에 나서느냐이다.

실패를 부정하지 말고 온전히 받아들여라. 그리고 긍정적인 관점으로 재해석하라. 실패는 부채가 아니라 자산이다. 실패를 거듭할수록 내 자산은 늘어난다. 그러니 다시금 도전하자. 그러면 언젠가는 그 축적한 자산이 성공에 이르는 밑거름이 될 것이다. 절대 포기하지 말자. 우리가 포기하는 바로 그 순간, 행운의 여신이 우리 앞에서 눈물을 흘릴지도 모른다.

# 무엇을 바라볼 것인가

　두 사람이 감옥에 갇혀 있었다. 한 사람은 쇠창살 너머 밤하늘의 별을 올려다보며 자신의 미래를 꿈꾸고, 다른 사람은 맨바닥을 기어다니는 바퀴벌레를 내려다보며 자신의 신세를 한탄했다. 당신이라면 무엇을 바라보겠는가.

　어느 날, 평화롭던 동물 세계에 전쟁이 벌어졌다. 사자가 총지휘관이 되고, 여우는 참모가 되었다. 그런데 여우가 입대한 병사들을 보고는 크게 한숨을 내쉬었다. 그는 코끼리가 큰 덩치 때문에 적에게 쉽게 들키리라 생각했다. 당나귀는 머리가 나쁜 탓에 명령을 제대로 숙지하지 못하리라 생각했다. 그리고 토끼는 겁이 많아 도망치기 바쁘고, 개미는 힘이 약해 무기를 들지도 못하리라 생각했다.
　과연 여우의 말대로일까?

코끼리는 힘이 세기에 전쟁 물자를 나르는 보급병으로 제격이었다. 당나귀는 입이 길어 돌격 신호를 알리는 나팔수로 만점이었다. 토끼는 빠른 발 덕분에 작전 기밀을 전달하는 연락병으로 최적이었다. 개미는 눈에 잘 띄지 않아 적군의 동정을 살피는 척후병으로 안성맞춤이었다.

우리에게도 나의 가치를 알아주는 사람이 필요하다. 아니, 스스로 자신의 가치를 알아야 한다. 그리고 그 가치를 소중하게 여겨야 한다. 내가 지닌 강점이 남의 눈에는 약점으로 보일 수도 있다. 행여 내가 지닌 강점을 약점이라고 잘못 생각하고 있는 건 아닌지 다시 한번 나를 돌아보아야 한다.

태초에 신이 세상을 창조했다. 지상에는 온갖 형태의 동물들이 넘쳐났다. 동물들은 자기 모습에 대체로 만족스러워했다. 하지만 새들은 그렇지 않았다. 다른 동물들은 다리가 네 개나 되는데, 자신들은 두 개밖에 없었다. 가느다란 다리에 근육마저 볼품이 없었다. 그야말로 '새 다리'였다. 더욱이 등 위에는 거추장스러운 짐이 두 개나 얹혀 있었다.

새들이 신에게 따져 묻자, 신이 말했다.

"네 등에 있는 건 짐이 아니라 날개이니라. 그 날개를 활짝 펴고 하늘을 훨훨 날아오르거라!"

새의 등 위에 있는 건 짐이 아니라 날개였다. 다리가 가늘고 가벼운 것도 다 이유가 있었다. 하늘을 높이 날기 위해서는 몸무게가 가벼워야 했다. 어쩌면 우리가 짐이라고 생각하는 것이 실제로는 엄청난 가치를 지니고 있는지도 모른다.

세상에는 무거운 짐을 지고 살아가는 사람들이 정말 많다. 그 짐이 내 인생에 필요한 거라면, 기꺼이 짊어져야 한다. 하지만 내 인생에 전혀 도움이 되지 않는 짐이라면, 지금 당장 내려놓자. 불안이나 두려움, 공연한 걱정, 모두 부질없는 짐이다. 마음의 짐을 내려놓으면, 인생은 한결 가볍고 편안해진다.

누구에게나 자기 긍정이 필요하다. 자기 긍정은 자신의 가치를 올바로 인식하고 자신을 있는 그대로 수용하는 능력이다. 자기 긍정은 대인관계에도 좋은 영향을 미친다. 자신을 사랑하고 존중하는 사람은 다른 사람과의 관계에서도 더 건강하고 적극적으로 행동하기 마련이다. 스스로 긍정하자. 나를 긍정해야 다른 사람도 긍정할 수 있고, 우리네 인생도 긍정할 수 있다.

# 1%의 가능성에 도전하자

'결정이 운명을 좌우한다Decisions determine destiny'라는 말이 있다. 프랑스의 실존철학자 사르트르는 "우리가 한 선택이 바로 우리 자신이다Nous sommes nos choix"라고 했다.

인생은 'BCD'라고도 한다. 'B'는 Birth, 'C'는 Choice, 'D'는 Death의 약자다. 그러니까 인간은 태어나서 죽을 때까지 숱한 선택을 하며 살아간다는 말이다. 인생은 선택의 연속이다. 그리고 순간의 선택이 평생을 좌우하기도 한다.

1944년 6월 6일, 아이젠하워 장군의 지휘 아래 연합군이 노르망디에 상륙했다. 그 유명한 '노르망디 상륙 작전'이다. 이 작전의 성공으로 프랑스가 나치 독일군으로부터 해방될 수 있었고, 제2차 세계대전 판도에도 결정적인 영향을 미쳤다.

그로부터 몇 년 뒤인 1950년 9월 15일, UN군이 맥아더 장군의 지휘 아래 인천에 상륙했다. '인천 상륙 작전'의 성공 덕분에 한국전쟁의 전세는 완전히 뒤바뀌었다. '인천 상륙 작전을 개시하라Initiate operation chromite!' 성공할 확률이 5000분의 1에 불과했지만, '할 수 있다'라는 자신감과 신념으로 놀라운 기적을 일궈냈다.

'G선상의 아리아'는 독일의 작곡가 바흐의 관현악 모음곡 제3번 제2곡의 아리아를 아우구스트 빌헬미가 편곡한 것이다. 원래의 곡조인 라장조를 다장조로 바꾸고, 바이올린의 네 개의 현 가운데 가장 낮은 음역인 G선 하나로만 연주할 수 있게 했다. 이 곡은 선율이 아름답고 장중하기로 유명하다.

단 한 줄만으로도 인생을 연주할 수 있다. 그 마지막 줄을 놓지 말자. 인생은 단 하나의 희망만으로도 충분히 살아갈 수 있다.

"1%의 가능성, 그것이 나의 길이다." 유럽을 정복했던 프랑스의 황제 나폴레옹이 한 말이다. 1%의 가능성에 도전하자. 자신의 결정이 인생을 송두리째 바꿔 놓을지도 모른다. 칠흑 같은 어둠을 밝히는 한 줄기 빛을 그 누가 작다고 하겠는가. 작은 꿈, 작은 희망, 작은 진실, 작은 선행 속에 내 인생을 밝히는 빛이 있다. 아무리 가능성이 낮아도 절대 저버리지 말자. 그 조그만 가능성이 절망을 희망으로 바꾸고, 내 인생을 더욱 빛나게 만들 것이다.

# 세상에서 가장 비싼 요리와 가장 싼 요리

한 랍비가 하인에게 세상에서 가장 비싼 요리를 가져오라고 심
부름을 시켰다. 얼마 뒤, 하인이 혀 고기를 사 왔다. 다음날 랍비
가 하인에게 말했다.

"오늘은 세상에서 가장 싼 요리를 가져오너라."

이번에도 하인은 혀 고기를 가져왔다. 랍비가 하인에게 물었다.

"내가 세상에서 가장 비싼 요리를 사 오라고 할 때도 혀를 가져
오더니, 가장 싼 요리를 사 오라고 했는데도 혀를 가져왔다. 어째
서이냐?"

그러자 하인이 말했다.

"혀는 어떻게 쓰느냐에 따라 세상에서 가장 비쌀 수도, 가장 쌀
수도 있습니다."

〈탈무드〉에 나오는 내용이다.

칼은 부엌에서 요리할 때는 식칼이 되고, 병원에서 수술할 때는 메스가 된다. 그리고 사람에게 위해를 가할 때는 흉기가 된다. 막대기도 누군가를 지탱해 줄 때는 지팡이가 되지만, 누군가를 때릴 때는 몽둥이가 된다. 모든 건 어떻게 쓰느냐에 달렸다. 아무리 소중한 것도 허투루 다루는 사람이 있고, 보잘것없는 것도 소중하게 여기는 사람이 있다.

'곰은 쓸개 때문에 죽고, 사람은 혀 때문에 죽는다'라는 말이 있다. '설저유부舌底有斧', 혀 아래 도끼가 있다는 뜻이다. 혀를 잘못 놀리면 자칫 화를 불러올 수 있기에 언제나 말을 삼가라는 의미다. 어쩌면 우리는 입에 도끼를 물고 태어나는지 모른다. 그리고 그 도끼로 남을 베고, 결국에는 나 자신을 베는 건지도 모른다. "말이 있기에 사람은 짐승보다 낫다. 그러나 바르게 말하지 않으면, 짐승이 그대보다 나을 것이다." 페르시아의 위대한 문학가 사디가 한 말이다.

'촌철살인寸鐵殺人'은 한 치의 쇠붙이로도 사람을 죽일 수 있다는 뜻이다. '촌철寸鐵'은 사람의 혀를 비유하는 말이다. 세 치 혀가 그만큼 강하고 무섭다. 우리말에도 '세 치 혀가 사람 잡는다'라는 속담이 있다. 혀의 길이는 대략 10cm이고, 무게는 고작 57g 정도이다.

우리 입에서 나오는 말이 '촌철살인寸鐵殺人'이 아니라 '촌철활인寸鐵

活人'이었으면 좋겠다. 세 치 혀로 사람을 살릴 수만 있다면, 그보다 더한 축복이 어디 있겠는가. 이제부터라도 상대방에게 상처를 주는 말 대신에 상대방의 상처를 치유하는 말을 해야 하지 않을까.

모든 건 뿌린 대로 거두기 마련이다. 때로는 메아리가 되기도 하고, 때로는 부메랑이 되어 돌아오기도 한다. 내가 한 말이나 행동은 반드시 내게로 되돌아온다. 그게 세상의 이치다.

# 감사하면 감사할 일이 생긴다

암을 극복한 사람들이 하는 말이 있다. "욕심이나 두려움을 내려놓고 현재를 즐기세요." 삶에 대해 집착한다고 암이 치유되는 것은 아니다. 무엇보다 죽음에 대한 두려움을 극복하는 게 중요하다. 그리고 자신에게 주어진 삶에 감사하는 것이다. 비단 병마를 이겨내기 위해서만은 아니다. 인생을 살아가는 데도 감사하는 마음과 긍정적인 마음가짐이 중요하다.

'행복해서 웃는 게 아니라 웃기 때문에 행복해진다'라는 말이 있다. 행복해서 감사한 게 아니라 감사하기 때문에 행복해진다. 가장 많이 감사할 줄 아는 사람이 가장 행복한 사람이다. 행복은 소유에 비례하는 게 아니라 감사에 비례한다.

'고마워'라는 한 마디로 하루가 행복해질 수 있다. 아니, 평생이 행복해질 수 있다. 감사하는 마음을 습관화하면 행복지수가 올라간다. 수명이 7년까지 늘어난다는 연구 결과도 있다. 원망하는 마음을 감사하는 마음으로 바꿀 수만 있다면, 인생은 분명히 달라질 것이다.

날마다 '감사 노트'를 쓰는 교도소가 있다. 감사의 글을 쓰면서 세상과 화해하고 소통하는 법을 배운다. 수형자들 가운데 징역 10년을 선고받은 사람이 있었다. 그는 처음 감사 노트를 받아 들고는 몹시 화를 냈다. "내가 감사할 게 어디 있나? 지금 날 놀리는 거냐?" 하지만 교정 당국의 눈치를 보느라 마지못해 감사 일기를 쓰기 시작했다. 처음에는 '오늘 주임이 번호가 아니라 내 이름을 불러줘서 감사'라고만 적었다. 그가 말했다. "글을 써 놓고 자꾸 읽어 보니 정말 감사한 일이라는 생각이 들었습니다." 그 뒤로 그의 눈에는 감사한 일들이 보이기 시작했다. '밤에 누웠는데 창밖에 둥근 달이 떠 있었다. 창문 한 귀퉁이로 밝은 달을 볼 수 있어 감사하다.'

검정고시를 준비하고 있던 수형자는 이렇게 썼다. '드디어 인수분해 문제를 풀 수 있어 감사하다.' '흙냄새를 맡고 흙을 밟을 수 있어 감사하다', '매일 먹는 밥과 국이 뜨거워서 감사하다', '오늘 점심에 순대가 맛있어서 감사하다', '오늘 저녁에 고기가 나와서 감사하다', '영치금 들어와서 사 먹은 크림빵이 맛있어서 감사하다'라고 쓴 수형자도 있었다. 교도관들에 대한 감사의 글도 있었

다. '귀찮을 텐데 매일 우리를 식당으로 데려다줘서 감사하다.'

그들은 하나같이 말한다. "감사한 일을 적다 보니 세상을 보는 눈이 달라졌습니다." 이처럼 감사하는 마음으로 세상을 바라보면, 세상이 이전과는 달리 보인다. 감사하는 마음으로 세상을 살다 보면, 세상은 분명 살 만한 곳이 된다.

나는 아침햇살도 감사하고 저녁노을도 감사하다. 아침에 눈을 뜨고, 저녁에 편히 눈을 감을 수 있다는 것만으로도 감사하다. 아니, 숨을 쉴 수 있다는 것만으로도 감사한 일이다. 꿈을 꿀 수 있고 꿈을 이룰 수 있다는 것, 모두 감사한 일이다. 감사는 삶을 더 행복하고 풍요롭게 만든다. 행복해서 감사한 게 아니라 감사해서 행복한 것이다. 일상의 작은 축복에 감사할 줄 모르는 사람은 지극히 어리석은 사람이다. 아니 '배은망덕背恩忘德'한 사람이라고 해야 할 거다.

인생이라는 게임에서는 감사하는 사람이 반드시 이기게 되어 있다. 감사하는 사람은 어떤 시련이나 역경도 의연하게 받아들이기 때문이다. 그래서 이전보다 더 강하고 성숙한 모습으로 다시금 도전에 나설 수 있다.

# 위기를 낭비하지 마라

위기를 기회로 만든 회사가 있다. 2009년, 세계 2위 피자 업체인 '도미노피자'는 커다란 위기에 봉착했다. 가맹점에서 일하는 직원이 자신의 코에 넣었던 치즈를 피자 위에 올려놓는 장면을 찍어 인터넷에 올렸기 때문이다. 이 동영상은 유튜브를 통해 미국 전역으로 삽시간에 퍼져나갔다.

도미노피자는 사고가 발생한 지 44시간 만에 CEO가 직접 사과하는 영상을 유튜브에 올렸다. 해당 직원은 즉시 해고하고, 경찰과 연방 보건후생부에 고발했다. 제품 광고에도 불만이 적힌 소비자 댓글을 보여주고 틀림없이 개선하겠다는 자막을 덧붙였다.

이 업체는 사건이 터지기 전까지만 해도 미국 시장에서 3년 연속 마이너스 성장을 기록하고 있었다. 하지만 그해 말에는 오히려 매출이 0.5% 증가했다. 이 회사의 CEO 패트릭 도일은 "그 어떤 위기도 낭비해서는 안 됩니다Don't waste any crisis."라고 말했다.

위기는 새로운 도약을 위한 절호의 기회이기도 하다. 위기를 낭비한다는 건 기회를 저버리는 거나 다름없다. 위기를 모면하기 위해 애쓰는 게 아니라 위기에 적극적으로 대응해야 새로운 기회를 만들어낼 수 있다.

인생을 살다 보면, 누구나 위기를 겪는다. 그런데 당황하지 않고 차분하게 위기를 극복해 나간다는 게 여간 어려운 일이 아니다. 내가 위기에 처해 있다는 건 나에 대한 도전이 시작되었다는 의미다. 그러니 평정심을 잃지 말고 긍정적인 태도로 도전을 받아들여라. 위기를 정면으로 마주하다 보면 어느 순간, 위기는 자취를 감추고 그 자리에 기회가 찾아올 것이다.

위기 상황은 누구에게나 일어날 수 있다. 나 때문이라는 생각은 버리고, 냉철하게 위기를 바라보자. 부정적인 감정에 사로잡혀 자기비하나 절망감에 빠진다면, 위기 극복에 전혀 도움이 되지 않는다. 스스로 감정을 잘 다스려야 위기를 온전히 다스릴 수 있다.

# 피할 수 없으면 즐겨라

미국 애리조나주에 있는 '선 밸리Sun Valley'는 미국의 억만장자들이 은퇴한 뒤에 모여 사는 곳이다. 지상 낙원이라고 불릴 정도로 안락하고 조용하다. 노점상도 없고 노숙자도 보이지 않는다. 편의시설과 최신 의료시설은 완벽하게 갖춰져 있다. 그런데 이곳에 사는 사람들의 치매 발병률은 다른 어느 곳보다 높다. 일상적인 스트레스가 없다 보니 오히려 면역력이 약해져 쉽게 치매에 걸린다는 것이다.

토끼나 사슴은 천적을 다 제거해 버렸을 때 오히려 병이 난다고한다. 이에 대해 동물학자들은 환경이 너무 좋고 긴장감이 없어 생기는 병이라고 진단한다. 온실 속에서 자란 화초는 혹독한 추위와 매서운 바람을 견뎌내지 못한다. 사람도 마찬가지다. 곱게 자란 사람은 어려움을 겪어 보지 않았기 때문에 스스로 견뎌내는 힘이 약하다. 인간은 스트레스를 극복하면서 더욱 강해진다.

풍요롭고 편안한 삶을 부러워할 필요는 없다. 겉으로 보기에만 좋을 뿐, 무료하고 무기력한 삶에 지나지 않는 경우도 많다. 우리가 사는 삶은 '스트레스가 없는 삶'이 아니라 '스트레스를 극복하는 삶'이 되어야 한다.

어차피 피할 수 없는 스트레스라면, 기꺼이 받아들이고 오롯이 즐겨보는 게 더 낫지 않을까.


"가끔은 친구보다 적이 더 필요할 때가 있다. 바람 없이 물레방아는 돌지 않는다Gegner bedürfen einander oft mehr als Freunde, denn ohne Wind gehen keine Mühlen." 독일 작가 헤르만 헤세가 한 말이다. 바람이 불지 않으면, 물레방아는 돌아가지 않는다. 인생도 마찬가지다. 시련이 닥치지 않으면, 현실에 안주하고 타성에 젖기 쉽다. 때로는 친구보다 적이 더 필요하다. 나를 죽이는 적이 아니라 나를 일깨우고 나에게 새로운 삶의 태도를 촉구하는 '친구 같은 적' 말이다.

# 쓸모는 나에게 달렸다

장자가 제자들과 산길을 걷고 있었다. 길가에서는 벌목꾼들이 열심히 나무를 베고 있었다. 그런데 잎이 무성하고 가지가 굵은 아름드리나무가 아니라 그 옆에 있는 다른 나무를 베고 있는 게 아닌가. 궁금해진 장자가 그들에게 이유를 물었다. 벌목꾼들이 말했다.

"아름드리나무는 옹이가 너무 많아 쓸모가 없습니다."

날이 저물어 장자 일행은 산 아래 있는 친구 집을 찾았다. 친구는 오랜만에 찾아온 장자에게 집에서 기르는 거위를 요리해 대접하려고 했다. 요리사가 친구에게 물었다.

"울 수 있는 거위와 울지 못하는 거위 가운데 어느 걸 잡아야 할까요?"

친구는 울지 못하는 거위를 잡으라고 말했다. 장자는 마음속으로 생각했다.

나무는 쓸모가 없기에 천수를 누리고, 거위는 쓸모가 없기에 죽

임을 당하는구나.'

캐나다 로키산맥의 수목한계선에는 '무릎 꿇은 나무'가 있다. 이 나무는 찬바람이 휘몰아치고 건조한 지역에서 자란다. 줄기가 곧지 못하고 뒤틀린 탓에 목재로도 쓰지 못한다. 그런데 이 나무가 세상에서 가장 아름다운 소리를 내는 명품 바이올린의 소재가 된다.

중국의 한 공원에 있는 죽은 나무가 10억 원이 넘는 금액에 팔렸다. 얼마 전까지도 마을 사람들이 나뭇가지를 주워 땔감으로 쓰던 나무였다. 그런데 이 나무가 고급 가구나 악기, 조각품 제작에 쓰이는 최고급 재목이었다.

'무용지물無用之物'은 쓸모없는 물건이나 사람을 가리킨다. 그리고 '무용지용無用之用'은 쓸모없어 보이는 것이 오히려 큰 구실을 한다는 뜻이다. 한마디로 '쓸모없음의 쓸모 있음'이다. 놀라운 역설이고 긍정의 철학이다.

우리말에 '굽은 나무가 선산을 지킨다'라는 속담이 있다. '병신 자식이 효도한다'라는 속담도 있다.

세상에 쓸모없는 존재는 없다. 존재하는 모든 건 쓸모가 있다. 단지 쓸모를 모르고 쓸 줄을 모르는 것뿐이다. 그러니 쓸모 없음을 탓할 게 아니라 쓸모를 모르는 나 자신을 탓해야 한다.

누구나 쓸모 있는 존재이다. 아직 쓸모를 찾지 못했을 뿐이니 쓸모가 없다고 단정 짓지 말자. '내 안의 쓸모'는 내가 찾아내야 한다. 그래서 나뿐만 아니라 남에게도 쓸모 있는 인생을 살아야 하지 않겠는가.

# 모든 건 내가 믿는 대로 된다

"비관주의자는 모든 기회 속에서 어려움을 찾아내고, 낙관주의자는 모든 어려움 속에서 기회를 찾아낸다."

제2차 세계대전에서 전쟁을 승리로 이끈 영국 수상 윈스턴 처칠이 한 말이다. 외과 수술에서 사망률이 20%라고 하면 몹시 위험하다고 생각하지만, 생존율이 80%라고 하면 상당히 안전하다고 생각한다. 전자는 '사망'에 중점을 두고, 후자는 '생존'에 중점을 두었기 때문이다.

같은 내용도 어떻게 포장하느냐에 따라 달라지고, 같은 의도 또한 어떻게 표현하느냐에 따라 달라진다. 어떠한 틀을 가지고 보느냐에 따라 세상은 달리 보이기 마련이다. 틀을 바꾸면 세상이 바뀐다.

약효가 없는 가짜 약을 먹어도 병세가 좋아지는 걸 '위약偽藥 효과' 또는 '플라세보 효과'라고 한다. 진짜 약이라는 믿음이 통증과 치유에 관련된 신경전달물질을 활성화해 치료 효과를 낸다. 우리 말로는 '속임약 효과'라고 한다. 그런데 '가짜 약'인 줄 알고 먹어도 치료 효과를 볼 수 있다고 한다. '오픈 라벨Open Label 플라세보'다. 약이 아니라 의사에 대한 믿음이 치료에 긍정적인 영향을 미치는 것이다. 그만큼 의사와 환자의 신뢰 관계가 중요하다. '플라세보'의 반대는 '노세보'다. 아무리 좋은 약이라도 환자가 의심하면, 약효가 떨어지는 현상을 말한다.

영국 프리미어리그에서 박지성 선수는 경기장에 들어서기 전 "내가 최고다!"라고 자신에게 외쳤다고 한다. 리우올림픽 남자 에페 개인전에 출전한 박상영 선수는 결승전에서 10대 14로 뒤처져 있었다. 그는 절체절명의 상황에서 "나는 할 수 있다!"라는 말을 반복해 되뇌었다. 그리고 놀랍게도 연이어 5점을 따내어 우승을 차지했다. 양궁선수들은 '뉴로피드백Neurofeedback'이라고 불리는 뇌파 훈련을 한다. 그 덕분에 두뇌에서 긍정적인 뇌파가 흘러나와 시합 때도 침착함을 유지할 수 있다.

**스위치를 켜기만 하면, 세상은 한순간에 대낮처럼 밝아진다.**
**긍정의 스위치를 켜면 부정이 긍정이 되고, 희망의 스위치를**

켜면 절망이 희망이 된다. 행복의 스위치를 켜면 불행 또한 행복이 될 수 있다. 긍정적인 사고는 긍정적인 행동으로 이어지고, 긍정적인 행동은 긍정적인 삶으로 이어진다.

모든 건 내가 어떻게 받아들이느냐에 달려 있다. 긍정의 스위치를 켜자. 그리고 긍정의 힘을 믿어라. 믿으면 믿는 대로 이루어진다.

자신에 대한 자신감을 잃으면
온 세상이 나의 적이 된다.

**랄프 왈도 에머슨** Ralph Waldo Emerson

# 자신이 없고
# 자꾸만 작아지는 나

## # 자존감의 조건 #

# 모두가 나의 스승이다

인간이 다른 동물과 구별되는 특징 중 하나는 배움이다. 인간은 평생 배운다. 일찍 조기유학을 떠나는 사람도 있고, 늦은 나이에 만학의 즐거움을 만끽하는 사람도 적지 않다. 쪽잠을 자면서도 시간을 쪼개어 배운다. 배움을 통해 얻는 기쁨이 그만큼 크고 달기 때문이다.

그런데 일상이 반복되고 같은 자리에 오래 있다 보면, 권태를 느끼고 타성에 젖을 수밖에 없다. 그럴 때는 새로운 자극이나 동기부여가 필요하다. 새로운 기술이나 지식도 배워야 하며, 외부의 변화에 대해 민첩하게 대응할 수 있는 능력도 키워야 한다. 새로운 변화를 거부하거나 회피해서는 안 된다. GE의 CEO였던 잭 웰치는 "언제나 어디서나 누구에게서나anytime anywhere and from anyone 배운다."라고 말했다. 인간은 '평생 학습자life-long learner'로 살아가야 한다는 게 그의 지론이다.

'청출어람青出於藍'이라는 말이 있다. 쪽에서 뽑아낸 푸른 물감이 쪽보다 더 푸르다는 뜻이다. 제자가 스승보다, 후배가 선배보다 더 나을 수 있다. '후생가외後生可畏'는 젊은 후학이 훌륭하기에 두려워할 만하다는 뜻이다. '불치하문不恥下問'은 자신보다 학식이나 지위가 낮은 사람에게 묻는 걸 부끄러워하지 않는다는 뜻이다. 이와 비슷한 의미로 '공자천주孔子穿珠'가 있다.

공자가 아홉 구비 구멍이 있는 구슬에 실을 꿰려고 했지만, 마음대로 되지 않아 애를 먹었다. 그때 뽕밭에서 뽕을 따던 아낙네가 다가와 그에게 구슬 꿰는 방법을 가르쳐주었다. 개미의 허리에 실을 묶어 구슬의 한쪽 구멍에 넣고, 다른 쪽 구멍에는 달콤한 꿀을 발라 개미를 유인한 방법이었다.

'삼인행 필유아사三人行 必有我師', 세 사람이 함께 길을 가면, 그들 가운데 반드시 나의 스승이 있다는 뜻이다. 다른 사람의 좋은 점은 본받고, 좋지 않은 점은 참고하여 내 행동을 바로잡으면 된다. 그렇게 하면 이 세상 모든 사람이 나의 스승이 될 수 있다. '타산지석他山之石'은 다른 산에 있는 나쁜 돌도 내가 가진 옥돌을 가는 데 쓸 수 있다는 뜻이다. '반면교사反面敎師'는 타인의 부정적인 모습을 통해서도 깨달음이나 가르침을 얻을 수 있다는 말이다.

'줄탁동기咐啄同機'는 '줄탁동시咐啄同時'라고도 한다. 병아리가 알에서 나오기 위해서는 어미 닭이 밖에서 쪼고, 병아리가 안에서 쪼며 서로 도와야 한다는 뜻이다. 이처럼 어떤 목적을 이루기 위해서는 내부적인 의지와 외부적인 도움이 조화를 이루어야 한다. '교학상장敎學相長'은 가르치고 배우면서 스승과 제자가 함께 성장한다는 말이다. 스승은 학생을 가르침으로써, 그리고 제자는 스승에게 배움으로써 더불어 발전한다. '학연후지부족 교연후지곤學然後知不足 敎然後知困'이라는 말도 있다. 배운 뒤에야 부족함을 알고, 가르친 뒤에야 곤궁함을 안다는 뜻이다. 배움에서도 가르침에서도 깨달음을 얻을 수 있다.

창조는 모방에서 비롯된다. 비행기의 날개는 새의 날개를 모방하고, 선박은 물고기의 모양과 부력을 모방했다. 사진기의 암실 구조는 인간의 눈을 모방해 만들었다. 칼이나 망치, 도끼도 인간의 신체를 모방한 것이다. 인공지능은 컴퓨터로 인간의 지능적인 행동을 모방할 수 있게 만든 장치다. 자식은 부모를 모방하고, 제자는 스승을 모방한다.

우리에게는 모방할 수 있는 모범이 필요하다. 훌륭한 모범을 모방한 사람이 훌륭한 모범이 될 수 있기 때문이다.

나는 놀이터에서 뛰노는 아이들에게서도 배운다. 공원 벤치에 앉아 있는 노인에게서도 배우고, 새벽에 길거리를 청소하는 환경미화원에게서도 배운다. 그리고 장애아를 돌보는 자원봉사자에게서도 배운다. 온 세상이 배움터이고, 모든 사람이 나의 멘토다.

# 그 무엇도 나를 규정할 수 없다

최근 'MBTI 검사'가 유행하고 있다. 'MBTI Myers-Briggs Type Indicator'는 개인의 성격이나 성향을 분류하고 설명하기 위한 심리 검사 가운데 하나이다. 젊은 세대가 MBTI에 열광하는 건 지금까지 자신에 대해 깊이 고민하고 성찰할 여유가 없었기 때문인지도 모른다. 한마디로 자신을 너무 모르고 살아온 탓이다. 아니, 각박한 현실에서 누군가의 이해와 공감이 필요해서인지도 모른다.

그런데 심리 검사는 같은 질문이라도 시간의 흐름이나 상황에 따라 답이 달라질 수 있다. 검사지에 적혀 있는 문항에만 반응하는 것이기 때문이다. 사람의 심리는 매우 복잡하고 심오하다. 대부분은 무의식의 발로다. 심리 유형 검사가 자신의 성격을 이해하고 개선하는 데 도움을 주는 도구이기는 하지만, 과학적으로 검증하기는 쉽지 않다. 검사 결과를 하나의 가능성으로 받아들여야지 절대적인 사실로 받아들여서는 안 된다. 결과를 해석하고 나름의 의미를 부여하는 건 오롯이 나에게 달려 있다.

심리 유형 검사가 선입견이나 편견을 구조화하고 고정관념을 부추겨서는 안 된다. '구분 짓기'가 '편 가르기'로 변질되어서도 안 되고, 무엇보다 서로의 다름을 이해하고 인정하는 데 우선순위를 두어야 한다. 한 마디로 말해, 차별하는 게 아니라 차별화해야 한다.

MBTI는 수많은 검사 가운데 하나일 뿐, 나를 규정할 수는 없다. 나는 누구의 판단에 귀속되는 존재가 아니다. 나를 잰다는 건 남과 비교하기 위해서가 아니라 나를 온전히 알기 위해서이며, 좀 더 가까이 다가가 서로를 맞추기 위해서이다. 조화롭고 아름다운 내 인생과 그대 인생을 위해서 말이다.

# 왕따 없는 세상을 꿈꾸다

  교육 선진국으로 유명한 핀란드에는 '끼바 코울루Kiva Koulu라는 왕따 예방 프로그램이 있는데, 왕따에 가담하지 않는 학생도 잠재적인 가해자가 될 수 있기 때문에 모든 학생을 대상으로 한다. 이 프로그램을 통해 피해 학생을 이해하고 도와주는 방법을 가르치고, 학부모의 참여도 적극적으로 유도한다. 학생들은 역할극에 참여하면서 왕따의 문제점을 스스로 깨닫는다. 왕따 문제를 다룬 단편영화를 감상하기도 하고, 왕따를 주제로 발표와 토론을 하기도 한다. 컴퓨터 게임을 통해 왕따에 대처하는 방법도 배운다. '끼바 코울루' 프로젝트가 본격적으로 시행된 뒤로는 왕따 현상도 현저히 줄어들고, 학생들의 스트레스나 우울증도 감소했다. 반면에 사회성과 학습 의욕, 동기부여는 한층 강화되었다.

  우리나라에서 '왕따', '집단 따돌림', '집단 괴롭힘' 등의 문제가 본격적으로 대두되기 시작한 건 1990년대 중반부터다. 가해 학생들은 별다른 죄의식 없이 따돌림 행위를 한다. 따돌림에 동조하고 개입하는 행위를 그냥 가벼운 장난으로 여긴다. 하지만 아무 생각 없이 던지는 돌에 개구리는 맞아 죽을 수 있다.

왕따 문제를 해결하기 위해서는 문제의 심각성을 인식하고 경각심을 높이는 게 무엇보다 중요하다. 그리고 예방프로그램이나 교육을 통해 상호이해와 존중의 가치, '다름'을 포용하는 방법을 일깨워주어야 한다. 그래야 잠재적인 가해자를 교화하고, 잠재적인 피해자를 보호할 수 있다.

왕따 없는 세상, 학생들이 서로를 존중하고 배려하는 세상, 경쟁이 아니라 협력을 통해 아름답게 성장하는 세상을 꿈꾼다. 다름과 차이를 인정하고 포용하는 세상이기를 꿈꾸며, 먼 훗날 학창 시절의 추억을 떠올리며 미소짓는 세상이기를 바란다. 그리고 그것이 우리는 모두가 꿈꾸는 세상이라고 믿는다.

# 인정 욕구는 본능이다

모든 인간은 남에게 인정받고 싶어 하는 본능적인 욕구가 있다. 미국의 정치경제학자인 프랜시스 후쿠야마는 《역사의 종말과 최후의 인간》에서 인류가 두 가지 동기로 인해 발전해왔다고 말한다. 하나는 풍요로운 삶을 지향하는 '물질적 동기'이고, 다른 하나는 남에게 인정받고 싶은 '인정 동기'다.

인정 욕구는 먼저 대등 욕구에서 시작한다. 남과 대등하기를 원하는 욕구다. 이 욕구가 충족되면, 우월 욕구로 바뀐다. 여기서 문제가 발생한다. 타인과의 관계가 수평적인 관계에서 수직적인 관계로 바뀌기 때문이다. 우월 욕구는 자신을 과시하고 싶어 하는 욕구, 즉 과시 욕구와 타인을 지배하고 싶어 하는 욕구인 지배 욕구가 대표적이다.

독일의 철학자 헤겔은 인류의 역사를 '인정받기 위한 투쟁의 역사'라고 했다. '인정 투쟁'의 궁극적인 목적은 자유롭고 동등한 인격체로 인정받는 것이다. 하지만 지금까지 인간은 자신의 욕구를 충족하기 위해 서로 대립하고 충돌해왔다. 그래서 헤겔은 '상호인정'이라는 해결책을 내놓았다.

내가 인정받으려면, 남을 먼저 인정해야 한다. 민주주의도 모든 국민이 서로를 인정한다는 전제에서 시작한다. 내가 자유로운 만큼 타인도 자유롭고, 내가 존엄한 만큼 타인도 존엄하다. 그래서 인정 욕구는 우월 욕구가 아닌 대등 욕구여야 한다.

〈명심보감〉에는 '물이귀기이천인勿以貴己而賤人'이라는 구절이 있다. 자신을 귀하게 여김으로써 남을 천하게 여기지 말라는 뜻이다. 이제라도 자신을 귀하게 여김으로써 남을 천하게 여기지 않고, 남을 귀하게 여김으로써 또한 자신도 귀하게 여겨질 수 있다는 진리를 깨달을 수만 있다면 얼마나 좋을까.

# 인형의 집을 나서다

〈인형의 집〉은 노르웨이의 극작가 헨리크 입센이 쓴 희곡이다.

이 작품의 여주인공 노라는 변호사 헬메르의 아내이자 세 아이의 엄마다. 노라는 남편의 병원비를 마련하기 위해 이미 세상을 떠난 아버지의 이름으로 고리대금업자로부터 돈을 빌린다. 오랜 시간이 흐른 뒤, 남편은 은행장에 취임한다. 그런데 아내에게 돈을 빌려줬던 고리대금업자가 그 은행에 근무하고 있었다.

남편이 고리대금업자를 해고하려고 하자 고리대금업자는 노라를 협박하기 시작한다. 그녀는 차용증에 서명을 위조한 사실을 남편이 알게 될까 봐 걱정에 사로잡힌다. 하지만 결국 남편은 이 사실을 알게 된다. 그리고 은행장으로서의 명예가 실추될까 봐 모든 잘못을 노라의 탓으로 돌린다. 얼마 뒤, 남편은 자신의 어리석은 행동을 뉘우치고 아내에게 용서를 구한다. 하지만 노라는 자신이 한낱 인형과 같은 존재였다는 사실을 깨닫고는 정든 '인형의 집'을 미련 없이 떠난다. 누구의 딸과 누구의 아내, 누구의 엄마로 불렸던 그녀, 그렇게 살아온 그녀가 진정한 자아를 찾아 나선 것이다.

1879년 코펜하겐 왕립극장에서 초연된 이 작품은 격렬한 논쟁을 불러왔다. '노라'라는 이름은 페미니즘의 대명사가 되었고, 불평등한 남녀관계에서 벗어나 여성의 인권을 옹호하려는 의식이 '노라이즘Noraism'으로 불리게 되었다.

영국의 철학자 프랜시스 베이컨은 선입견이나 편견으로 인해 생겨나는 그릇된 인식을 '우상偶像'이라고 했다. 그는 인간을 우상의 노예라고 규정하고, 네 가지 우상을 버려야만 올바른 인식에 이를 수 있다고 보았다.

'극장의 우상'은 권위나 전통의 무비판적인 수용에서 생겨나고, '동굴의 우상'은 개인적인 특성이나 성향, 개인이 처한 환경 때문에 생겨난다. 그리고 '종족의 우상'은 인간 집단의 생물학적 특성에서 생겨나고, '시장의 우상'은 인간의 제한된 언어와 불완전한 의사소통에서 생겨난다.

행여 우리도 우상偶像의 동굴에 갇혀 살아가고 있는지도 모른다. 아니, 허황한 우상 숭배에 빠져 본연의 나를 망각하고 있을 수도 있다. 지금이라도 위선과 편견의 가면을 벗어던지고, 진정한 '나다움'과 '인간다움'을 되찾아야 하지 않을까.

# 꽃은 언젠가 필 것이다

위魏나라에 최염崔琰이라는 장군이 있었다. 그의 사촌 동생인 최림崔林은 볼품이 없고 능력도 출중하지 않았기에 친척이나 주변 사람들에게 늘 무시를 당했다. 하지만 최염은 그가 나중에 큰 인물이 될 거라고 굳게 믿었다. 그래서 그를 불러놓고 이렇게 말했다.

"큰 종이나 큰 솥은 손쉽게 만들어지는 게 아니다. 큰 인물도 성공하기까지는 꽤 오랜 시간이 걸리는 법이다. 나는 네가 대기만성할 거라고 믿는다. 부디 포기하지 말고 최선을 다하도록 해라. 그러면 틀림없이 큰 인물이 될 것이다."

최염의 말대로 최림은 황제를 모시는 높은 관직에 오르게 된다.

만유인력을 발견한 뉴턴은 학습 지진아였다. 진화론을 발표한 다윈도 어릴 때는 열등생이었다. 전구를 발명한 에디슨은 학교 부적응으로 홈스쿨링을 받았다. 상대성이론을 발표한 아인슈타인은 취리히 공대에 청강생으로 들어갔다. 제2차 세계대전의 영웅

처칠은 세 번째 도전 끝에 간신히 사관학교에 합격했다. 구국의 영웅인 이순신 장군은 재수 끝에 32세의 나이로 무과에 합격했다. 그리고 40대가 되어서야 비로소 종6품에 올랐다.

중국 동부 지역에서 자생하는 모소 대나무는 4년 동안 3cm밖에 자라지 않는다. 그런데 놀랍게도 5년째 되는 날부터 하루에 30cm가 넘게 자라기 시작한다. 그리고 6주 만에 15m 높이로 자란다. 이게 어떻게 가능할까? 겉으로 보기와는 달리 실제로는 4년 동안 땅속 깊이 뿌리를 내리고 있었기 때문이다. 그 '깊이'가 '높이'를 만들어낸 것이다.

'대기만성大器晩成'은 큰 그릇을 만드는 데 시간이 오래 걸린다는 뜻이다. 한 마디로 '기다림의 미학'이다. 믿고 기다릴 줄 알아야 한다. 언젠가는 꽃이 핀다. 꽃이 피는 때가 다를 뿐이다. 꽃이 늦게 핀다고 아름답지 않은 게 아니다. 오히려 힘겨운 역경과 고통을 견뎌낸 만큼 더 아름다운 꽃을 피운다.

꽃이 피지 않는다고 나무를 꺾지 말자. 마음의 여유를 갖고 꽃이 필 때를 기다려보자. 남들보다 못하다고 아이를 나무라지 말고, 남들보다 늦다고 아이를 다그치지 말자. 그 아이가 자라나 언젠가는 자신만의 아름다운 꽃을 피울 것이다.

# 칭찬 한마디면 잘 살 수 있다

어느 심리학과 교수가 초등학생들의 지능지수IQ를 측정했다. 그리고 일부 학생에게는 지능지수가 높다고 말해주었다. 여러 달이 지난 뒤, 자신의 지능지수가 높다는 말을 들은 학생들은 다른 학생들보다 더 높은 성적을 받았다. 칭찬과 기대가 학생들에게 긍정적인 영향을 미친 것이다. 칭찬이 얼마나 중요한지 잘 보여주는 사례다. 이를 '로젠탈 효과'라고도 하고 '피그말리온 효과'라고도 한다.

남아프리카에 '바벰바'라는 부족이 있다. 어느 날, 마을 광장으로 사람들이 몰려들었다. 광장 가운데는 한 남자가 서 있었다. 잠시 뒤 마을 사람들은 차례로 그 남자에 관해 칭찬하기 시작했다. 며칠 동안이나 남자의 장점만을 이야기했다. 칭찬 릴레이가 끝나자 마을 사람들은 축하 잔치를 벌였다. 그런데 놀랍게도 이 남자는 범죄를 저지른 사람이었다.

어떻게 이런 일이 가능한 걸까. 마을 사람들은 그 남자가 긍정적인 의례를 통해 새사람이 될 수 있다고 믿었다. 그래서 모두가 그에게 칭찬과 격려를 마다하지 않았다. 죄를 지은 사람은 벌을 받아야 마땅하다. 바벰바 부족에게는 칭찬이 처벌이고, 처벌이 칭찬인 셈이다. 바로 칭찬의 역설이다.

미국 오하이오주에 있는 편의점 안으로 한 소년이 들어왔다. 잠시 뒤, 소년은 진열대에 놓여 있던 물건들을 슬그머니 주머니에 집어넣기 시작했다. 주인이 이를 눈치채고 그에게 다가갔다. 화들짝 놀란 소년은 훔친 물건들을 주머니에서 다시 꺼내놓았다. 주인은 소년에게 물건을 훔친 이유를 물었다.

"배가 고파서 그랬어요. 동생이랑 같이 먹으려고요."

주인은 경찰에 신고하는 대신, 소년에게 커다란 봉투를 내밀었다.

"네가 먹고 싶은 걸 마음껏 담아 넣으렴."

그리고 조심스레 물건을 고르는 소년에게 다정한 목소리로 말했다.

"언젠가 네가 누군가를 도와줄 수 있을 때 너도 도와주렴."

잘못에 대한 질책은 누구나 할 수 있다. 하지만 잘못한 사람을 이해하고 용서하고 위로하는 건 쉽지 않다. 상점 주인이 소년을 경찰에 신고했다면, 소년은 절도범이라는 낙인이 찍힌 채 평생 불행하게 살았을지도 모른다. 그런데 주인의 용서와 배려로 전혀 다른 삶을 살 수 있게 되었다.

진심 어린 칭찬은 행복감과 자존감을 높이고, 동기부여를 가능하게 한다. "나는 좋은 칭찬에 두 달을 살 수 있다 I can live for two months on a good compliment." 미국 소설가 마크 트웨인이 한 말이다. 어쩌면 좋은 칭찬 한마디에 평생을 행복하게 살아갈 수 있을지도 모른다.

남을 칭찬하기 전에 먼저 나를 칭찬하자. 자신을 칭찬할 줄 아는 사람이 남도 칭찬할 수 있다. 칭찬에 진심과 애정을 담아라. 내가 건네는 칭찬 한마디가 상대방의 인생을 송두리째 바꿔 놓을지도 모른다. 칭찬에 굶주린 사람에게는 정말이지 '칭찬이 반찬'이다.

# 나를 믿어주는 단 한 사람이면 된다

하와이의 북서쪽에 있는 카우아이섬은 1950년대에 섬 주민 대부분이 지독한 가난과 질병에 시달렸다. 알코올중독자 비율이나 범죄율도 다른 지역보다 높았다.

1955년, 이 섬에서 698명의 아이가 태어났다. 이 가운데 201명은 정신질환이나 알코올 중독 증세를 보이는 부모 밑에서 자라났다. 미국의 발달심리학자 에미 워너는 이들이 18세가 될 때까지의 과정을 추적했다. 이들 가운데 72명은 모범적이고 진취적인 청소년으로 성장했다. 이들에게는 한 가지 공통점이 있었다. 부모나 조부모, 학교 선생님 등 주변 인물 가운데 이들을 믿어주고 지지해주는 사람이 있었다는 사실이다.

나를 전적으로 믿어주는 단 한 사람이면 족하다.
"어머니께서 나를 만드셨다. 어머니께서는 진실하셨고 나를 믿어주셨다. 덕분에 나는 내가 뭔가를 해낼 수 있다고 느꼈고, 어머니를 실망시키지 않아야 한다고 생각했다." 미국의 발명왕 에디슨의 말이다. "믿어주고 사랑해주는 사람이 단 한 사람만 곁에 있어도 부정적인 요소들이 대부분 상쇄된다." 치료 교육학자 모니카 슈만이 한 말이다.

'회복 탄력성resilience'은 고난과 역경에 굴하지 않고 의연하게 일어서는 '마음의 힘'이다. 고무공처럼 땅바닥에 세게 내던질수록 더 높이 튀어 오르는 탄력적인 힘이다. 마음의 근력筋力을 키우면, 언제라도 바닥을 치고 올라올 수 있다.

신뢰는 상황에 따라 변하거나 감정에 휘둘리는 게 아니다. 언제나 나에게 힘을 주고 나를 더 강하게 만든다. 넘어져도 다시 일어서게 해주고 실패해도 다시금 도전할 수 있게 북돋는다. 신뢰는 지금까지 내가 살아온 인생, 앞으로 살아갈 인생의 디딤돌이자 버팀목이다.

신뢰의 의미를 지닌 영어 단어 'trust'는 독일어 'Trost'에서 비롯된 말이다. 이 말은 '마음의 위로'를 뜻한다. 그러니까 나를 신뢰한다는 건 나의 마음을 위로해주는 것과 같다. 나를 신뢰하는 사람은 내가 힘들고 어려울 때 나에게 위로와 힘을 주는 사람이다.

내가 굳게 믿고 의지할 수 있는 사람, 나를 전적으로 믿어주고 사랑해주는 사람이 곁에 있다면, 이 세상에 무엇이 두렵고 부럽겠는가.

# 자존감을 잃으면, 모든 걸 잃는다

〈나, 다니엘 블레이크I, Daniel Blake〉는 2016 칸영화제에서 황금종려상을 수상한 작품이다.

중년의 성실한 목수 다니엘 블레이크의 아내는 정신질환에 시달리다 생을 마감한다. 오랫동안 그는 아내를 뒷바라지하느라 자신의 건강을 챙기지 못한다. 어느 날, 일을 계속하면 더 이상 심장이 견뎌내지 못할 거라는 의사의 충고를 듣는다. 그래서 일을 그만두고 질병 수당을 받기 위해 신청서를 작성한다. 하지만 인위적이고 기계적인 심사 기준 때문에 질병 수당을 받지 못하게 된다. 다니엘은 지금껏 자신이 믿고 살아왔던 이 세상이 불합리하다는 사실을 깨닫기 시작한다.

재심을 받기 직전, 그는 화장실에서 심장마비로 목숨을 잃고 만다. 그를 도와주던 케이티는 장례식장에서 그가 읽지 못한 항고심의 원고를 대신 읽어내려간다.

"나는 내 권리를 요구합니다. 당신들이 나를 존중하길 요구합니다I demand my rights. I demand you treat me with respect."

살아생전에 주인공 다니엘 블레이크는 이런 말을 했다.

"자존감을 잃으면, 모든 걸 다 잃는 거야When you lose your self-respect, you are done for it."


스무 살 자폐증 아들을 둔 아버지가 있다. 아들은 스스로 돈을 벌고 싶어 여러 회사에 이력서를 내고 면접도 보았다. 하지만 장애인이 일자리를 구한다는 건 여간 어려운 일이 아니었다. 아들은 자신이 쓸모없는 존재라는 생각이 들어 무척 힘들어했다. 그러던 어느 날, 우연한 기회에 배달 아르바이트를 하게 되었다. 아버지는 걱정스러운 마음에 아들 뒤를 쫓아다녔다. 부지런히 자전거 페달을 밟아 배달지로 달려가는 아들의 모습을 보며 눈물을 흘렸다. 어린아이가 첫걸음마를 떼는 모습을 보는 부모의 마음이었다. 그러나 아들이 배달 일로 얻은 성취감은 돈으로 살 수 없는 소중한 가치였다.

"아무것도 할 수 없다고 좌절하던 아이가 자전거를 타고 배달을 하면서 스스로 성취감을 느끼기 시작했습니다."

아버지가 한 말이다.


어느 대학 동아리의 회원들이 폐지를 수거하는 노인들의 열악

한 상황을 개선하기 위해 머리를 맞댔다. 그들은 무게가 70㎏이 넘는 손수레를 절반 정도로 경량화했다. 사고 위험을 줄이기 위해 반사 스티커도 제작했다. 덤품을 팔아 여러 군데서 광고를 수주했다. 젊은이들 덕분에 '폐지 수거 노인'은 '끌리머'라는 멋진 이름을 얻었다.

"내 리어카는 벤츠야!"

어느 끌리머 어르신의 말이다. 사회의 차가운 시선과 냉대를 받으며 살아온 어르신들이 긍지와 자부심을 갖기 시작했다.

> 누구나 자신이 존중받기 원한다. 그렇다면 답은 쉽고도 명확하다. 서로를 존중하면 된다. 그 누구도 다른 사람의 자존감을 무시하거나 거부할 권리는 없다. 자존감은 인간 본연의 권리이고, 인간이 존재하는 당위성을 담보한다.

자존감은 스스로 가치 있는 존재임을 인식하는 것이기에 무엇보다 '신존애信尊愛'의 마음가짐이 필요하다. '신존애' 즉 나에 대한 '믿음과 존중과 사랑'이다. 그렇다면 자존감을 지키기 위해서는 어떻게 해야 할까?

남과 비교하지 말자. 자신은 누구와도 비교될 수 없는 절대적인 존재이다. 스스로 칭찬을 아끼지 말자. 자기가 가장 듣고 싶은 말을 나에게 해주자. 그리고 언제나 자신을 긍정하자.

높은 곳에 오르려고 하지 말자. 높은 곳에 오른다고 자존감이 커지지 않는다. 공연히 자만심만 커질 뿐이다. 최고가 되려 하지 말고 최선을 다하자. 최고가 되려고 하면 모두가 불행해질 수 있지만, 최선을 다하면 누구나 행복해질 수 있다.

남을 의식하지 말자. '체'할 필요도 '척'할 필요도 없다. 부족하면 부족한 대로, 모자라면 모자란 대로 사는 게 인생이다. 세상에 완벽한 사람은 없으며, 나 또한 완벽하지 않다. '완벽하지 않음'이 '완벽함'보다 더 인간적이고 자연스럽다. '완벽하지 않은 나'에 대한 절대적인 믿음과 사랑으로 내 인생에 긍정적인 의미를 부여해보자.

# 이 세상 어디에도 천국은 없다

한때 지옥을 의미하는 '헬hell'과 우리나라를 의미하는 '조선'을 결합해 만든 '헬조선'이라는 말이 유행했다. 젊은이들의 자조自嘲 섞인 말에는 현실에 대한 불안과 분노, 절망이 담겨 있다. '노력하면 할 수 있다'라는 자신감이 '아무리 노력해도 되지 않는다'는 열패감으로 바뀌었다. 2017년 이후에는 '국가'와 '히로뽕philopon'의 합성어인 '국뽕' 신드롬이 불어닥쳤다. 하루아침에 지옥이 천국으로 변한 것처럼.

미국은 인종이나 빈부격차로 인한 사회적 갈등이 우리나라보다 훨씬 더 심각하다. '부富의 대물림' 현상도 예외가 아니다. 미국 브루킹스연구소의 보고서에 따르면, 저소득층 출신인 대졸자의 임금은 중상위층 출신 대졸자의 3분의 2 수준이다. 40대가 되면 이 수치는 2배 이상으로 벌어진다. 저소득층 자녀는 대학에 들어가도 비싼 등록금 때문에 졸업하기 어렵고, 졸업하더라도 학자금 대출 상환 때문에 힘들어한다. 하지만 미국인 가운데 누구도 자신의 나라를 '헬 아메리카'라고 부르지 않는다.

우리는 미국을 닮기 원한다. 그런데 우리나라는 미국보다 평균 수명이 더 길고, 교육 수준도 더 높고, 치안도 더 좋고, 빈부격차도 더 적다. '헬조선'이나 '망한민국亡韓民國', 모두 언어폭력이다. 지나친 자학이다. 대한민국의 국가적 열등감은 일제 식민통치의 유산이다. '국뽕'도 다르지 않다. 지나친 애국주의이자 자기도취다. 그러니 '헬조선'도 '국뽕'도 경계해야 한다.

오래전 독일에서 내가 하숙하던 독일인 가정의 거실에는 커다란 일제 텔레비전이 놓여 있었다. 집주인은 나를 초대해놓고 내 앞에서 일본 제품에 대한 자랑을 늘어놓았다. 나는 한없이 작아져만 갔다. 어느 술집에서 만난 독일인은 내가 한국에서 왔다고 하니까 한국이 어디에 있는 나라냐고 묻기도 했다. 그때는 유학생들이 집을 구하기도 어려웠다. 말이 잘 통하지 않아서이기도 했지만, 무엇보다 몸에서 마늘 냄새가 난다고 현지인들이 손사래를 쳤기 때문이다.

그 당시에 나는 조국에 대한 자긍심이 부족했다. 우리나라가 싫어서가 아니라 우리나라의 위상이 너무나도 초라했기 때문이다. 남들 앞에서 내세울 것도 별로 없었고, 경제적으로 잘 살지도 못했다. 내 나라에 대한 열등감 때문에 괴로워하기도 했다.

오늘날 대한민국은 일제 식민통치의 잔재와 한국전쟁의 폐허 속인 '그라운드 제로'에서 불굴의 의지 하나만으로 일구어낸 자랑스러운 나라다. 이런 나라가 지옥일 리 없다. 어쩌면 천국과 지옥은 같은 곳인지도 모른다.

내가 어떻게 생각하고 받아들이느냐에 따라 천국일 수도, 지옥일 수도 있다. 이왕이면 내가 사는 우리나라가 천국이라고 생각하는 게 낫지 않을까 싶다.

# 우리만 모르는 대한민국에 살고 있다

호머 헐버트는 '푸른 눈의 한국인'이다. 미국 감리교 선교사였던 그는 대한제국 말기에 국권 수호를 위해 힘썼고, 일제강점기에는 독립운동을 위해 발 벗고 나섰다.

1886년 조선에 입국한 그는 최초의 근대식 교육기관인 육영공원에서 영어를 가르쳤다. 1889년에는 한글로 쓰인 최초의 지리 교과서 〈사민필지〉를 집필했고, 1896년에는 서재필, 주시경 등과 함께 우리나라 최초의 민간 신문인 〈독립신문〉을 발간했다. 구전口傳으로만 전해지던 아리랑을 최초로 악보에 기록한 것도 그였다.

대한민국에 대한 그의 자긍심은 우리와 전혀 다를 바 없었다.

"한국인은 가장 완벽한 문자인 한글을 발명했고, 임진왜란 때 거북선으로 일본군을 격파해 세계 해군사를 빛냈으며, 《조선왕조실록》같은 놀라운 기록문화를 지니고 있다."

그는 일제에 의해 강제 추방된 뒤로 미국 전역을 돌며 강연을 이어나갔다.

"3·1 운동으로 보여준 한민족의 충성심과 비폭력 만세 항쟁은 세계사에서 가장 아름다운 애국심의 본보기이다."

1949년 그는 대한민국 정부의 초청으로 한국 땅을 밟았다. 하지만 안타깝게도 일주일 뒤에 세상을 떠나고 말았다. 평소에 그는 "나는 웨스트민스터 사원보다 한국 땅에 묻히기를 원한다I would rather be buried in Korea than in Westminster Abbey."라고 말했다. 그래서 그의 유언에 따라 양화진외국인선교사묘원에 안장되었다. 그의 장례식은 대한민국 최초로 사회장으로 거행되었다. 1950년 대한민국 정부는 그에게 외국인으로는 처음으로 건국공로훈장 태극장을 추서했고, 2014년에는 금관문화훈장을 추서했다.

"나는 1800만 한국인의 권리와 자유를 위해 싸워 왔다. 한국인들에 대한 사랑은 내 인생의 가장 소중한 가치다."

1934년 헐버트가 자신의 모교인 다트머스대학에 제출한 '졸업 후 신상기록부'에 적힌 글이다.

여기 한국인보다 더 한국을 사랑한 또 다른 외국인이 있다. 《25시》의 작가인 콘스탄틴 게오르규다. 그는 루마니아 동부 몰다비아에서 동방정교회 신부의 아들로 태어났다. 1944년 루마니아에 공산정권이 들어서자 독일을 거쳐 프랑스로 망명했다. 1949년 파리에서 출간된 소설 《25시》는 전 세계적으로 주목을 받았다.

소설 《25시》에서 주인공 요한 모리츠는 유대인으로 오인되어 고초를 겪는다. 그는 수용소에 갇혀 고문에 시달리며 절망의 시간을 보낸다. 이 작품에서 그는 '25시'라는 시간에 주목한다.

"왜 나에게는 1시가 오지 않는가, 구원의 시간이 오지 않는가?"

25시는 모든 구원이 끝나버린 시간, 최후의 시간에서 한 시간이 더 지나버린 절망의 시간이다. 그는 "지금 우리 사회가 처한 순간이 바로 25시다."라고 말한다.

게오르규는 세 차례나 한국을 방문했으며, 아파트 정원에 무궁화를 심어 놓을 정도로 한국을 사랑했다. 그는 〈한국찬가〉에서 대한민국을 '수난의 밤을 고요한 아침으로 승화시키는 나라'라고 노래했다. 그리고 우리나라의 홍익인간弘益人間 정신을 '21세기의 태평양 시대를 주도할 세계의 지도 사상'이라고 극찬하기까지 했다.

게오르규는 한국인에게서 '세계가 잃어버린 영혼'을 발견했다고 말한다.

"어떤 고난의 역사도 결코 당신들에게서 아름다운 시와 노래와 기도를 빼앗아가지는 못했습니다. 당신들은 세계가 잃어버린 영혼을 지니고 있습니다. 왕자의 영혼을 지니고 사는 여러분! 당신들이 창조한 것은 냉장고와 텔레비전과 자동차가 아니라 지상의 것을 극복하고 거기에 밝은 빛을 던지는 영원한 미소와 인류의 희망입니다. 내일의 빛이 당신의 나라인 한국에서 비춰온다고 해도 조금도 놀랄 것이 없습니다. 여러분은 수많은 고난을 겪은 민족이며, 그 고통을 극복해낸 민족이기 때문입니다. 당신들은 고난과 수렁 속에서도 스스로 지혜와 용기와 힘으로 고개를 치켜든 민족이기 때문입니다."

그가 〈한국인에게 주는 메시지〉에서 밝힌 고백이다. 또 그는 이렇게 말했다.

"만약 내가 다시 태어난다면 한국에서 태어나고 싶다."

미국의 시사주간지인 〈US뉴스앤월드리포트〉가 발표한 '2022년 세계에서 가장 강력한 국가' 순위에서 우리나라는 미국과 중국, 러시아, 독일, 영국에 이어 6위를 차지했다. 이 잡지는 우리나라를 '1960년대 이후 꾸준한 성장과 빈곤 감소를 경험했으며, 현재는 세계 최대 경제국 가운데 하나'라고 평했다. 얼마 전 미국 라스베이거스에서 개최된 국제전자제품박람회CES에서는 한국 기업들이 '최고혁신상' 20개 가운데 9개를 수상했다.

밤늦은 시간에도 별다른 두려움 없이 거리를 활보할 수 있는 나라가 얼마나 될까. 치안과 편의점과 공중화장실, 지하철과 초고속통신망 등은 우리나라에 온 외국인들이 감탄해 마지않는 것들이다. 지능지수는 세계 최고이고, 문맹률은 세계 최저다. 지하철에는 노약자 보호석이 있고, 백화점에는 여성 전용 주차장이 있다.

의료체계나 평균수명도 세계 최고 수준이다. 그런데도 우리는 자신에게 너그럽지 못하다.

한국인의 기대 수명은 세계에서 최상위권인데, 스스로 건강하다고 생각하는 비율은 꼴찌다. 그리고 우울증과 자살률은 세계 1위다. 우리는 왜 그토록 자신에 대해 비관적일까. 무엇이 우리를 그렇게 만들었을까. 한국인이 지닌 국가적 열등감을 일제 식민통치의 유산이라고만 치부할 수 있을까.

산업화와 민주화, 선진화, 세계화를 이룬 나라, 전 세계에서 '30-50클럽1인당 국민소득 3만 달러, 인구 5,000만'에 일곱 번째로 가입한 나라, 아시아와 아프리카의 개발도상국들이 발전 모델로 삼고 있는 나라, 무한한 잠재력과 역동적인 힘을 지닌 대한민국이다. 세계의 수많은 젊은이가 대한민국을 '선망羨望의 눈'으로 바라보고 있다.

우리나라가 '헐벗은' 대한민국에서 '벌거벗은' 대한민국으로 바뀐 건 아닐까. 어쩌면 지금 우리는 '우리만 모르는 대한민국'에 살고 있는지도 모른다.

애국심은 거창한 게 아니다. 우리말을 사랑하고 우리글을 사랑하고 우리 이웃을 사랑하는 것이다. 아름다운 우리말로 아름답게 말하는 것, 아름다운 마음으로 내 이웃을 사랑하는 것, 그게 나라 사랑이다.

# 약속은 지키라고 있는 것이다

〈하멜른의 피리 부는 사나이〉는 독일의 소도시 하멜른에서 내려오는 전설을 각색한 동화다.

마을 주민들은 쥐 때문에 골머리를 앓았다. 쥐들은 음식만 축내는 게 아니라 사람에게까지 위해를 가했다. 주민들은 쥐들이 내는 소음 때문에 잠을 제대로 청할 수도 없었다. 마을 시장은 주민들의 민원을 해결하기 위해 백방으로 노력했지만, 마땅한 방도를 찾지 못했다.

그러던 어느 날, 한 남자가 마술 피리를 들고 마을에 나타났다. 그리고 마을에 있는 쥐들을 잡아주는 대가로 금화 천 냥을 달라는 제안을 내놓았다. 시장은 낯선 사람의 제안을 흔쾌히 받아들였다.

남자는 마술 피리를 꺼내어 불기 시작했다. 그러자 숨어 있던 쥐들이 모습을 드러내더니 그 남자의 뒤를 따르기 시작했다. 남자는 쥐들을 강가로 끌고 가 모두 물에 빠뜨려 죽였다. 그러나 마을 시장은 약속한 대금 가운데 일부만 주고는 그 남자를 마을에서 쫓아 버렸다.

그로부터 얼마 뒤, 남자가 다시 마을에 나타나 피리를 불어대기 시작했다. 이번에는 마을 아이들이 집에서 뛰쳐나와 그의 뒤를 따랐다. 남자는 아이들을 모두 데리고 어디론가 사라져 버렸다. 그 뒤로 피리 부는 남자와 마을 아이들의 모습은 어디에서도 찾아볼 수 없었다.


공자의 문하생인 증자曾子의 아내가 장을 보기 위해 집을 나섰다. 그런데 아이가 자기도 따라가겠다고 떼를 쓰기 시작했다. 증자의 아내는 장에 다녀와서 맛있는 돼지고기를 구워 주겠노라고 약속했다.

얼마 뒤, 그녀가 시장에서 돌아와 보니 증자가 돼지고기를 굽고 있었다. 깜짝 놀란 아내가 혼잣말로 중얼거렸다.

"그냥 농담으로 한 말인데."

하지만 증자는 정색하며 그녀에게 말했다.

"아이에게라도 함부로 농담해서는 안 됩니다. 지금 아이에게 허투루 거짓말을 하다 보면, 나중에는 부모의 말을 모두 거짓으로 여기게 될 겁니다."


미생지신尾生之信이라는 말은 〈사기〉의 '소진전蘇秦傳'에 나온다. 중국 춘추 시대에 미생이라는 사람이 다리 아래서 만나기로 한 여인과의 약속을 지키려다 홍수로 인해 물에 떠내려가 목숨을 잃었다는 고사에서 유래한다.

약속은 지키라고 있는 것이다. 지키지도 못할 약속은 애당초 하지 말아야 한다. 약속은 깃털처럼 가벼워서도 안 되고, 달걀처럼 쉽게 깨져서도 안 된다. 시간 약속도 마찬가지다. 내 시간만 소중한 게 아니다. 약속을 지킨다는 건 그 사람을 존중하는 것이며, 약속은 한 인간에 대한 예의이고 염치이다.

약속을 지키지 않으면, 지금까지 쌓아온 신뢰가 한순간에 무너질 수 있다. 상대방의 신뢰를 잃으면, 그 사람을 잃는 것이나 마찬가지다. 아니, 어쩌면 나 자신을 잃는 건지도 모른다. 거짓 약속은 무엇보다 자기기만이기 때문이다.

세상과 인생을 사랑하는 것,
고통 속에서도 사랑하는 것, 감사하는 마음으로
햇볕을 마주하는 것, 슬픔 가운데서도
미소를 잊지 않는 것, 진정한 시학에 담긴
이러한 가르침은 결코 퇴색되지 않는다.

**헤르만 헤세 Hermann Hesse**

# 5장

# 허무하고
# 무기력한 나

## # 지혜의 조건 #

아무것도 하고 싶지 않아.

# 죽음을 부정하지 마라

일본의 노년층 사이에서는 인생의 마지막을 미리 준비해두는 '슈카츠終活'가 유행이다. 슈카츠는 '인생을 마무리하는 마지막 활동'을 말하는데 슈카츠 관련 업체들은 인생사를 정리해놓는 홈페이지를 꾸며주고, 가족이나 친구들에게 보낼 동영상도 제작해준다. 살아온 날들을 정리하면서 삶의 의미를 한 번 더 생각해보고 다가오는 죽음도 준비할 수 있도록 해준다.

일본의 서점에서는 '엔딩노트ending note'를 판매하고, 학원에서는 엔딩노트 작성법을 가르쳐준다. 사람들은 이 노트에 연명 치료나 장례 절차에 관한 내용 등을 적는다. 노후 대책이나 죽음을 받아들이는 법을 가르쳐주는 세미나 업체도 있다. 또한 공동묘지를 둘러보고 마음에 드는 묘지를 선택할 수 있는 관광 상품도 인기다. 심지어 같은 공동묘지나 납골당을 예약한 사람끼리 교류하는 모임도 있다. 사후세계에서 영원히 함께할 친구를 만들어 주는 것이다. 일본 문부과학성 자문회의가 발간한 보고서에는 '인생의 마지막을 보내는 방법을 생애 학습에 포함시켜야 한다.'라는 내용이 적혀 있다.

'여생지락餘生之樂'은 남은 인생을 즐겁게 산다는 뜻이다. 젊을 때만 즐기는 게 아니다. 내가 건강하기만 하면 늙어서도 얼마든지 즐길 수 있다. 인생에서 중요한 건 얼마나 오래 사느냐가 아니라 얼마나 잘 사느냐이다.

우리말에 '구더기 무서워 장 못 담글까'라는 속담이 있다. 죽음이 두려워 삶을 제대로 즐기지 못하는 어리석음을 범해서는 안 된다. 죽음이 최악이라고 생각하지 말자. 삶을 제대로 살지 못하는 게 최악이고, 삶의 이유와 의미를 찾지 못하는 게 최악이다. 아무리 힘들어도 절대 삶을 욕하지 말고, 아무리 두려워도 절대 죽음을 욕하지 말자. 애써 죽음을 찾을 필요도 없다. 내가 죽음을 찾는 게 아니라 죽음이 나를 찾아올 테니. 우리가 할 수 있는 건 환한 미소로 죽음을 맞이하는 것뿐이다.

죽음은 삶의 부정이 아니다. 삶의 소중한 일부이고, 순리적인 자연현상이다. 죽음만큼 확실한 것도 없다. 그런데도 사람들은 죽음을 제대로 준비하지 않는다. 애써 죽음을 멀리하고 피하려고

만 한다. 하지만 죽음은 누구도 피할 수 없다. 그러니 피할 수 없으면 즐겨야 하는 게 우리 인생이다.

　　죽음을 부정하지 말자. 죽음을 부정하는 건 삶을 부정하는 것과 같다. 죽음에 대한 두려움이 나를 사로잡지 못하게 하자. 죽음을 잘 준비하는 건 삶을 잘 사는 것이다. 삶을 존중하고 소중하게 여기며 열심히 살아가는 것, 그것이 죽음을 맞이하는 최선의 방법이지 않을까.

"우리 앞에 놓인 운명에서 죽음을 부정하는 건 삶을 반만 사는 것이다." 독일의 철학자 하이데거가 한 말이다.

# 인생은 소유가치가 아닌 존재가치다

실제 온도는 객관적인 수치로 나타낸 온도를 말한다. 그리고 체감온도는 내가 직접 몸으로 느끼는 온도다. 그래서 실제 온도보다 체감온도가 더 중요하다. 날씨가 아무리 더워도 내가 덥다고 느끼지 않으면 별로 문제 될 게 없다.

기대수명과 건강수명도 마찬가지다. 기대수명은 사람이 태어나 얼마나 생존할지를 예측한 수명이고, 건강수명은 건강하게 살아갈 수 있는 기간을 예측한 수명이다. 내가 아무리 오래 살아도 몸이 아프면 오래 산다는 게 결코 축복이 될 수 없다.

명목임금은 근로자의 임금을 화폐의 액수로 나타낸 것이다. 실질임금은 임금의 실질적인 가치를 나타낸 것으로, 명목임금을 물가지수로 나눈 값이다. 임금이 동일해도 물가가 오르면 실질적으로는 임금이 줄어든 셈이 된다. 그래서 명목임금보다 실질임금이 높아야 경제적인 여유를 얻을 수 있다.

소유가치를 가지고 있는 재물의 가치라고 한다면, 존재가치는 내가 살아가는 실존의 가치라고 할 수 있다. 그리고 더불어 살아가는 공존의 가치도 있다. 실제 온도보다 체감온도가 더 중요하고, 기대수명보다 건강수명이 더 중요하다. 그리고 명목임금보다 실질임금이 더 중요하다. 무엇을 소유하느냐보다 어떻게 존재하느냐가 훨씬 더 중요한 가치다. 혼자 소유하는 것보다 더불어 존재하는 게 더 값진 일이라는 뜻이다.

〈TV쇼 진품명품〉은 일반인들이 소장하고 있는 진기한 고문서나 골동품을 소개하는 시사교양 프로그램이다. 출연자들이 의뢰된 물품에 대해 예상 가격을 제시하는데, 때로는 돈으로 가치를 환산할 수 없다는 평가도 나온다. "이 의뢰품은 감히 값을 매길 수가 없습니다." 어느 전문 감정평가단의 말이다.

> 값비싼 시계나 값싼 시계나 가리키는 시각은 똑같다. 값비싼 시계가 조금 멋지게 보일 수는 있다. 하지만 중요한 건 '시간을 얼마나 소중하고 가치 있게 쓰느냐'이다.

값비싼 가방이나 값싼 가방이나 손에 들고 다니는 것은 마찬가지다. '가방 안에 무엇을 넣고 다니느냐'가 중요할 뿐이다. 값비싼 자동차나 값싼 자동차나 도로 위를 달리는 건 똑같다. 값비싼 자동차를 타면 조금은 편하게 갈 수 있다. 하지만 정작 문제가 되는 건 '어느 목적지를 향해 가느냐'이다.

우리가 차마 값을 매길 수 없는 것이 있다. 바로 한 사람의 인생이다. 인생은 가격이 아닌 가치의 문제이기 때문이다. 영어로 'priceless'는 '너무나도 귀한', 그래서 '값을 매길 수 없는'이라는 뜻이다. 'invaluable'도 '매우 귀한', 그래서 '가치를 평가할 수 없는'이라는 의미다. 우리 인생은 너무 귀하기 때문에 값을 매길 수도, 가치를 평가할 수도 없다.

우리가 마시는 물과 숨 쉬는 공기, 세상을 비추는 햇빛도 마찬가지다. 너무 귀하기 때문에 값을 매길 수조차 없다. 그러니 우리의 인생이 무한대의 가치를 지니는 게 아닐까.

# 인생은 희비극이다

남태평양 사모아섬은 바다거북들의 산란 장소로 유명하다. 알에서 깨어난 새끼들이 바다를 향해 떼를 지어 기어가는 모습은 그야말로 장관壯觀이다. 해양학자들이 산란기에 있는 바다거북에게 진통제를 주사해보았다. 진통제 덕분에 바다거북은 별다른 고통 없이 알을 낳을 수 있었다. 그런데 놀랍게도 자기가 낳은 알을 모조리 먹어 치웠다. 연구자들은 거북이 고통 없이 알을 낳았기 때문에 모성 본능이 자극을 받지 못해 알을 먹어 치웠다고 말한다.

누구나 인생을 살아가면서 진통과 성장통을 겪는다. 태어날 때도 고통이 따르고, 자라날 때도 고통이 따른다. 고통 없는 인생은 없다. 고통을 받아들이지 않으면, 새 생명이 태어날 수도, 자라날 수도 없다.

2011년 3월 11일, 일본 도호쿠東北 지방에서 일본 관측 사상 최대 규모인 리히터 9.0의 강진이 발생했다. 만 명이 넘는 사망자와 수많은 이재민이 생겨났다.

이때부터 일본인들의 의식과 행동 양식이 바뀌기 시작했다. 집 근처에서 쇼핑하는 주부들이 늘어나고, 자전거 출퇴근도 늘어났다. 여성들은 하이힐 대신 운동화를 신고, 자신의 신분을 확인할 수 있는 장신구를 착용하고 다녔다. 새로운 인생관을 모색하는 책들이 출간되고, 가족의 소중함을 다룬 드라마가 방영되었다.

죽음을 목격하거나 죽음에서 살아남은 사람은 삶에 대해 새로운 성찰을 하게 된다. '오늘 하루를 소중하게 생각하고, 하루하루를 의미 있게 살자'라고 다짐한다. 오늘을 산다는 것 자체가 실로 놀라운 축복이고 기적이다.

찰리 채플린은 이렇게 말했다. "인생은 가까이서 보면 비극이지만, 멀리서 보면 희극이다Life is a tragedy when seen in close-up, but a comedy in long-shot."

인생은 희비극이다. 때로는 비극이 희극이 되기도 하고, 희극이 비극이 되기도 한다. 때로는 비극과 희극이 점철되기도 한다. 어쩌면 우리는 어찌할 수 없는 비극 속에서 희극을 찾아내기 위해 부단히 노력하며 살아가는 건지도 모른다.

# 허영심은 인생을 채워주지 않는다

프랑스 소설가 모파상의 작품 가운데 〈목걸이〉라는 단편소설이 있다.

화려한 귀족 생활을 동경하는 허영심 많은 여인 마틸드 루아젤은 가난한 하급공무원의 아내다. 어느 날, 남편은 그녀에게 장관 부부가 주최하는 무도회 초대장을 보여준다.

기쁨도 잠시, 그녀는 무도회에 입고 갈 옷이 없다며 불평을 늘어놓기 시작했다. 남편은 비상금을 털어 그녀에게 멋진 파티복을 사준다. 그런데도 그녀는 예쁘게 꾸밀 만한 장신구가 없다고 여전히 투덜댄다. 하는 수없이 남편은 아내와 함께 그녀의 친구를 찾아간다. 그리고 친구에게서 값비싼 다이아몬드 목걸이를 빌린다. 덕분에 무도회는 성황리에 끝이 난다.

하지만 집으로 돌아온 아내는 거울에 비친 자신의 모습을 들여다보고는 화들짝 놀란다. 그녀의 목에 걸려 있던 목걸이가 감쪽같이 사라져 버린 것이다. 그녀는 친구에게 돌려줄 목걸이를 구매하기 위해 살던 집까지 처분한다. 그리고 궂은일도 마다하지 않고 열심히 일한다. 그렇게 10년이란 세월이 흐른다.

어느 날, 마틸드는 샹젤리제 거리에서 우연히 친구를 만났다. 그런데 친구에게서 충격적인 이야기를 듣게 된다. 친구가 빌려줬던 목걸이가 가짜라는 사실이다. 그녀는 '값싼' 모조품 때문에 '값비싼' 인생을 허비하고 말았다. 그녀를 인생의 나락으로 내몬 건 바로 그녀의 값비싼 허영심이었다.

행여 우리도 가짜 목걸이를 목에 걸고 으쓱거리며 가짜 인생을 사는 건 아닐까. 그 모든 게 가짜라는 사실을 까마득히 잊은 채.

'검이불루 화이불치儉而不陋 華而不侈'라는 말이 있다. '검소하지만 누추하지 않고, 화려하지만 사치스럽지 않다'라는 뜻이다. 우리도 '검소하지만 누추하지 않고 화려하지만 사치스럽지 않게', '겸손하지만 비굴하지 않고 당당하지만 오만하지 않게' 살 수만 있다면 얼마나 좋을까.

# 인생을 낭비한 죄에서 자유롭고 싶다

영화 〈빠삐용〉에서는 감옥에 갇힌 주인공이 꿈을 꾸는 장면이 나온다. 꿈에서 빠삐용은 죽은 뒤에 재판을 받는다. 그는 자신이 올바르고 떳떳하게 살아왔다고 항변한다. 하지만 재판관은 그에게 유죄 판결을 내린다.

"너는 인생을 낭비한 죄가 크다. 그러므로 유죄다."

영어 속담에 '게으름은 악덕의 온상溫床이다Idleness is the nursery of vice'라는 말이 있다. '게으름은 모든 악덕의 시작이다Müssiggang ist aller Laster Anfang'는 독어 속담이고, '무위無爲는 모든 악덕의 어머니다L'oisiveté est mère de tous les vices'는 불어 속담이다.

"모든 죄악의 근원은 두 가지다. 그것은 조급함과 게으름이다. 조급함 때문에 낙원에서 쫓겨났고, 게으름 때문에 낙원으로 돌아가지 못한다." 독일 작가 프란츠 카프카의 말이다.

나는 조급한가, 아니면 게으른가. 조급함은 부지런함이 아니고 게으름은 여유로움이 아니다. 조급하거나 게으르지 않고 부지런하면서도 여유롭게 살 수만 있다면 얼마나 좋을까.

게으른 사람은 땀의 의미를 모르고, 풍족한 사람은 눈물의 의미를 모른다. 부지런한 자의 천국은 게으른 자의 지옥이다. 뜨는 해와 지는 해는 같지만, 어제와 오늘은 분명 달라야 한다. 영원히 살 것처럼 꿈을 꾸고, 내일 죽을 것처럼 오늘을 살아보자. 어제보다 나은 오늘을 꿈꾸었다면, 오늘보다 나은 내일을 꿈꾸지 못할 이유가 없다.

오늘 걷지 않으면 내일은 뛰어야 하고, 오늘 땀 흘리지 않으면 내일은 눈물을 흘려야 할지도 모른다. 오늘이 마지막이라고 생각한다면, 내일은 덤으로 주어지는 선물이 된다. 오늘을 열심히 산다면, 훗날 사람들은 나의 오늘을 이야기할 것이다.

남을 미워하는 데 아까운 인생을 낭비하지 말자. 좋아하지도 않는 일에 인생을 낭비하지 말자. 부질없는 욕심에 인생을 낭비하지 말자. 공연한 걱정에 인생을 낭비하지 말자. 부정적인 생각으로 인생을 낭비하지 말자. 나는 인생을 낭비한 죄에서 진정으로 자유로워지고 싶다.

# 집착을 버리면 삶이 여유로워진다

〈사람에게는 얼마만큼의 땅이 필요한가〉는 톨스토이의 단편이다. 이 작품의 주인공 바흠은 부지런하고 성실한 소작농이다. 그의 꿈은 자신의 이름으로 된 땅을 갖는 것이다. 우연한 기회에 그는 저렴한 비용으로 토지를 매입할 수 있다는 정보를 듣는다. 해가 뜰 때 출발해 해가 지기 전에 돌아오면, 자신이 발로 디딘 땅을 모두 소유할 수 있었다.

그는 자신이 그토록 바라던 농장주가 될 수 있다는 기대감에 흥분을 감추지 못했다. 이왕이면 더 많은 토지를 차지하리라 마음먹었다. 그래서 그는 쉬지 않고 달렸다. 어느덧 해가 저물기 시작했다. 뒤늦게 이 사실을 알아차린 그는 돌아오기 위해 무리하게 달리다가 그만 숨을 거두고 말았다. 농부는 더 많은 땅을 차지하려는 욕심 때문에 가장 소중한 목숨을 잃었다.

한 치 앞을 내다보지 못하는 게 인간이다. 빈손으로 왔다가 빈

손으로 가는 게 인생인 줄 알면서도 모든 걸 손에 쥐려 하고, 또 쥐고 있는 걸 쉽게 놓으려 하지 않는다. 톨스토이는 "돈은 분뇨糞尿와 같다."라고 했다. 한곳에 쌓아두면 악취를 풍기지만, 널리 뿌리면 땅을 비옥하게 만든다는 의미다. 그런데도 우리는 쌓아두려고만 한다. 악취가 코를 찌르는데도 말이다.

과연 농부에게 필요한 땅은 얼마만큼이었을까. 우리에게는 얼마만큼의 땅이 필요할까. 내가 편히 묻힐 수 있는 땅, 그 이상을 바라는 건 어리석고 부질없는 욕심 아닐까.

'소확행 小確幸'은 '작지만 확실한 행복'을 말한다. 덴마크어의 휘게 hygge, 스웨덴어의 '라곰 lagom'과 엇비슷하다. '휘게 hygge'는 한마디로 아늑함과 편안함이다. 꽃병이 놓여 있고 촛불이 켜져 있는 탁자에 둘러앉아 가족이나 친구와 함께 따뜻한 차 한 잔을 마시며 소소한 일상을 이야기하는 것이다.

행복은 즐거운 느낌의 강도强度보다 빈도頻度에 달려 있다고 한다. 한 번의 강렬한 행복감보다는 소소한 일상에서의 행복감이 더 소중한 법이다. 열광하는 삶보다 한결같은 삶 말이다.

누군가는 말한다. "필요하지 않은 것들을 버리고 나니 비로소 마음이 홀가분해졌다. 이제 내 곁에는 소중한 것들만 남았다." 내가 살아가기 위해서는 필요한 최소한의 것들만 있으면 된다. 그이상은 욕심이고 사치다. 더 적게 소유함으로써 더 풍요로운 삶을 살 수 있다는 역설은 지극히 현실적이다.

우산은 비가 올 때만 필요하다. 비가 오지도 않는데 굳이 우산을 쓰고 다닐 필요도, 우산으로 하늘을 다 가릴 필요도 없다. 내몸 하나만 가리면 된다. 우산을 많이 가지고 있다고 행복한 게 아니다. 아무리 우산이 많아도 한꺼번에 다 쓸 수는 없으며, 우산을 많이 가지고 있다고 비를 덜 맞는 것도 아니다. 내게 필요한 건 내손에 들린 우산 하나뿐이다. 우산이 없으면 함께 비를 맞고 걸으면 그만이다.

흠이 없는 삶은 더 이상 보탤 게 없는 게 아니라 더 이상 뺄게 없는 '군더더기 없는 삶'이다. 집착을 버리면 삶이 여유로워진다. 불필요한 것들을 줄이면 불필요한 감정도 줄어든다. 내게 필요한 것들이 내 곁에 있는데, 굳이 남과 비교하고 부러워할 이유는 없다.

# 삶이 예술이다

서울의 어느 대학에서 교수와 학생들이 철제 예술작품을 만들어 운동장에 설치해 놓았다. 늦은 저녁, 학교 근처에 사는 고물상 주인이 봉고차를 가져와 그 작품을 싣고 갔다. 경찰에 잡힌 그는 예술작품이 '못 쓰는 고철 덩어리'라고 생각했다고 말했다.

영국의 조각가 헨리 무어가 만든 '해시계'는 10억 원을 호가하는 청동 조형물이다. 어느 날, 도둑들이 미술관에 침입해 그 작품을 훔쳐갔다. 그러고는 고물상 주인에게 우리 돈으로 8만 원에 팔아넘겼다. 그들에게는 유명한 예술품도 한낱 쇠붙이에 불과했다.

프랑스 태생의 미국 조각가 마르셀 뒤샹의 '샘'은 남성의 변기를 소재로 만들어진 작품이다. 이 작품은 가장 영향력 있는 현대미술로 선정되기도 했다. 그런데 청소부가 세제를 묻힌 걸레로 너무 세게 문지른 탓에 작품이 크게 손상되고 말았다. 이 예술품도 청소부에게는 그저 더럽고 지저분한 변기일 뿐이었다.

독일 도르트문트의 오스트발 미술관에서 큰 소동이 벌어졌다.

현대미술 작가 마르틴 키펜베르거의 설치작품 '천장에서 물이 떨어지기 시작할 때'를 청소부가 훼손한 것이다. 이 작품은 나무판으로 된 탑형 구조물 바닥 위에 고무판으로 된 물받이 접시가 놓여 있는 형태다. 작가는 빗방울이 떨어져 접시 바닥의 색깔이 변한 이미지를 보여주고 싶어 했다. 그래서 접시 바닥을 갈색 페인트로 칠해 놓았다. 그러나 청소부는 세제를 잔뜩 묻힌 솔로 바닥 접시를 박박 문질러 페인트를 깨끗이 닦아 냈다.

"작가는 말라붙은 물때 자국을 '예술'이라고 생각했지만, 청소부는 이를 '지워야 할 얼룩'이라고 생각했다." 프랑스 〈르 몽드〉 지에 실린 글이다. 독일 프랑크푸르트 현대미술전에서는 청소부들이 미술관 광장에 설치되어 있던, 폐품을 활용한 작품을 쓰레기인 줄 알고 소각장에 갖다버리기도 했다.

어느 미술 전시회장 입구에 캔 맥주 상자와 빈 캔 한 통이 놓여 있었다. 이를 본 평론가들은 '현대 도시인의 일상을 탁월하게 표현한 작품'이니, '일탈을 꿈꾸는 소시민적인 소망을 표현한 작품'이니 하며 극찬을 늘어놓았다. '상자째로 포장된 캔 맥주는 대중 소비 사회의 상징'이라는 해석도 내놓았다. 하지만 그 맥주 상자는 우연히 전시회장 앞을 지나던 어느 회사원이 전시회를 관람하기 위해 잠시 문 앞에 놓아둔 것이었다.

동시대 미술계에서 가장 논쟁적인 작가로 자리매김한 이탈리아 설치 미술가 마우리치오 카텔란은 아트페어에 바나나 한 개를 출품했다. 슈퍼마켓에서 누구나 쉽게 살 수 있는 과일이 그의 손에 의해 '예술작품'으로 바뀌어 1억 5,000만 원에 판매되기도 했다.

> 우리는 추상적이고 관념적인 예술보다 구체적이고 현실적인
> 예술에서 더 큰 감동을 얻는다. 인생의 희로애락이 담긴, 있는
> 그대로의 서사敍事를 읽어낼 수 있기 때문이다.

땀으로 얼룩진 얼굴에서 고달픈 인생을 보고, 어린아이의 천진난만한 미소에서 소박한 행복을 그려낼 수 있다. 일상에 지치고 힘들 때, 앞이 잘 보이지 않을 때, 일상의 예술을 통해 위로받을 수 있다.

예술은 우리 인생을 풍요롭게 하고 새로운 인식의 지평을 열어준다. 그전에는 미처 알지 못했던 '나'를 만날 수도 있다. "무한한 가능성 속에서 저마다의 생각은 하나의 작품이다Et dans l'infini du possible, chaque pensée une œuvre." 프랑스 작가 귀스타브 플로베르가 한 말이다.

지금 당신은 무슨 생각을 하고 있는가. 당신의 관념 속에 무한한 우주를 품고 있는가. 당신의 미소 속에 따뜻한 휴머니즘을 머금고 있는가. 어쩌면 예술은 인생 그 자체인지도 모른다. 아니, 우리네 인생이 바로 '일상의 예술'이 아닐까 싶다.

# 인생에도 마무리가 중요하다

'화룡점정畫龍點睛'은 용을 그리고 나서 마지막에 눈동자를 그려 넣었더니 용이 하늘로 날아올랐다는 고사에서 유래한다. 중국 양梁나라에 장승요張僧繇라는 인물이 있었다. 그는 관직에서 물러난 뒤로 그림을 그리는 데만 전념했다. 어느 날, 안락사安樂寺라는 절에서 용을 그려달라는 부탁을 받았다. 그런데 그는 용 두 마리를 그리고 나서는 눈을 그려 넣지 않은 채 붓을 내려놓았다.

사람들이 그에게 물었다.

"어째서 용의 눈을 그리지 않는 겁니까?"

그러자 그가 대답했다.

"만일 내가 눈을 그려 넣으면 용이 하늘로 날아가 버릴 겁니다."

사람들은 그의 말을 농담으로 받아들였다. 얼마 뒤, 그가 용의 눈동자를 그려 넣었더니 놀랍게도 용이 땅을 박차고 하늘로 날아올랐다.

초楚나라 때의 일이다. 여러 사람이 한자리에 모여 술내기를 했다. 땅바닥에 뱀을 가장 먼저 그리는 사람이 술을 마시기로 한 것이다. 한 사람이 재빨리 뱀을 그리고는 술병을 손에 들었다. 그리고는 다른 손으로 뱀의 발을 그리기 시작했다. 그러자 잠시 뒤에 뱀을 다 그린 다른 사람이 그의 술병을 빼앗아 들고는 이렇게 말했다.

"뱀에 무슨 발이 있다고 그러시는가."

모든 일에는 마무리가 중요하다. 인생에도 마무리가 중요하다. 인생의 마지막에 이르러 용의 눈동자를 그릴 것인지, 아니면 뱀의 다리를 그릴 것인지는 자신의 선택이다. 굳이 있지도 않은 다리를 그리느라 아까운 인생을 허투루 낭비하지 말자.

누구에게나 1분은 60초, 1시간은 60분이다. 그리고 하루는 24시간이다. 예외는 없다. 시간을 늘릴 수도 줄일 수도 없다. 그래서 시간이 가장 공평한 건지도 모른다. 시간이 정해져 있다는 건 그만큼 주어진 시간이 소중하다는 의미이다. 그리고 그 시간을 결코 허비해서는 안 된다는 의미이기도 하다. 그래서 오래 사느냐가 중요한 게 아니라 어떻게 사느냐가 더 중요한 건지도 모른다.

모든 일에는 마감이라는 게 있다. 논문 투고에도 마감일이 있고, 입사 지원에도 마감일이 있다. 달리기에도 결승점이 있고, 기차역에도 종착점이 있다.

화장실에 가면, 벽에 '아름다운 사람은 머문 자리도 아름답습니다'라는 표어가 붙어 있다. 천상병 시인은 〈귀천歸天〉에서 '이 세상에서 소풍을 끝내는 날, 아름다웠다'라고 말할 수 있기를 바랐다.

파릇파릇한 새싹만 아름다운 게 아니다. 울긋불긋한 단풍도 무척이나 아름답다. 모진 비바람과 세상 시름마저 오롯이 견뎌낸 단풍처럼 우리 인생도 그렇게 곱게 물들었으면 좋겠다.

# 인생은 '늙어가는' 게 아니라
# '익어가는' 것이다


일본의 나가오카 미에코 할머니는 세계 최고령 여성 수영선수 기록을 보유한 '열혈 소녀'이다. 그녀는 재활 치료를 위해 80세가 되어서야 수영을 시작했다. 92세가 되던 해, 세계 마스터스 수영선수권대회에서 금메달을 목에 걸었다. 105세에 일본 마스터스 수영선수권대회에 출전한 그녀는 국제수영연맹 공인 일본대회 최고령 출전 기록을 경신했다.


서울 마포구에 있는 양원초등학교 6학년 1반 교실의 맨 앞자리에 한 여학생이 앉아 있다. 그녀는 초롱초롱한 눈망울을 번뜩이며 열심히 수업을 듣고 있었다. 역대 초등학생 가운데 '최고령자'인 아흔 살의 장분녀 할머니다.

"내 나이 아흔이지만, 눈감는 날까지 배웁니다."

양원초등학교는 평균연령이 69세인 만학도들이 공부하는 곳이다. 장 할머니는 평생 못 배운 한恨을 늦게나마 풀고 싶었다고 한다. 공부하는 지금이 행복하다는 그녀는 하루도 어김없이 새벽 4시에 일어나 7시에 등교한다. 그녀의 학구열은 사고로 다리가 부러졌을 때도 꺾이지 않았다. 그녀는 의사와 가족의 만류에도 불구하고 며느리가 일어나기 전에 몰래 집에서 빠져 나와 학교로 발걸음을 옮겼다. 장분녀 할머니는 이렇게 말한다.

"건강이 허락하는 한, 계속 배울 거야. 이제 겨우 아흔인데 대학도 가 봐야지!"

지금 당신의 나이는 몇인가? 겨우 아흔을 넘겼는가, 아니면 아직 아흔이 되기에는 너무 어린 나이인가.

자신이 생각하고 느끼는 '주관적 나이'가 실제 나이보다 많다고 느낄수록 수면의 질이 낮아진다는 연구 결과가 있다. 분당 서울대병원 연구팀은 긍정적인 생각과 운동 등으로 젊게 살려고 노력하는 사람이 그렇지 않은 사람보다 상대적으로 수면의 질이 높다고 분석했다. 자신이 실제 나이보다 어리다고 생각하는 사람은 긍정적인 태도나 인식, 행동 덕분에 수면의 질이 높아진다는 것이다.

일반적으로 뇌는 20세 이후부터 퇴화한다고 알려졌지만, 60세까지 인지 능력이 그대로 유지된다는 연구 결과도 있다. 뇌의 인지 능력이 줄어드는 게 아니라 신체 반응 속도가 느려지는 것뿐이라는 거다. 오히려 나이가 들수록 실수가 줄어든다고 나타났다.

늙는다는 건 지극히 자연스러운 현상이고 당연한 일이다. 그러니 늙는 걸 두려워하지 말자. 인생은 '늙어가는older' 게 아니라 '익어가는riper' 것이니.

# 울고 싶을 땐 울고, 웃고 싶을 땐
## 웃으면 그만이다

《장미의 이름》은 이탈리아 소설가 움베르토 에코의 첫 장편소설이다.

중세 이탈리아 북부에 있는 베네딕트 수도원에서 의문의 살인 사건이 연달아 발생했다. 수도원에는 아리스토텔레스의 〈시학〉 제2권 '희극'의 필사본이 장서관에 보관되어 있었다. 장서관장인 호르헤는 이 책을 금서禁書로 지정하고, 책장에 독을 묻혀 놓았다. 그래서 죽은 수도사마다 혀와 손가락 끝에 검은 잉크 자국이 배어 있었던 것이다. 그런데 호르헤는 왜 책장에 독을 묻혀 놓았을까.

신앙은 절대 근엄해야만 한다. 그래서 웃음은 신에 대한 불경不敬이고, 신의 권위에 대한 도전으로 간주했다. 한마디로 웃음은 신성모독이다. 성경에 웃는 이야기가 단 한 군데도 나오지 않는 것도 같은 이치다. 그렇다면 무엇이 두려워 웃지 못하고, 또 울지 못하는 걸까?

우리나라 성인남녀 가운데 절반이 '평소 감정을 잘 드러내지 않는다'라고 답한 설문조사가 있다. 무엇보다 유교적인 전통과 가부장적인 질서, 지나친 엄숙주의가 한몫한다.

우리 사회에서는 경건함과 진중함이 미덕으로 자리 잡은 지 오래다. 서열이 중시되는 관계에서 윗사람에게 농담하는 건 상상하기 힘들다. 예의에 어긋난다고 생각하기 때문이다. 어릴 때부터 자신의 감정을 겉으로 드러내지 않는 게 미덕이라고 배웠다. 실수나 잘못이 용인되지 않는 사회 분위기도 문제다. 그래서 자기 생각이나 감정을 드러내는 걸 꺼린다. '실수하면 어쩌지!', '틀리면 어쩌지!' 유머에 정답이 있는 것도 아닌데 말이다.

누구나 울고 나면 카타르시스를 느낀다. 눈물을 통해 스트레스 물질이 배출되기 때문이다. 1997년, 영국 다이애나 왕세자빈이 교통사고로 세상을 떠났다. 그녀의 갑작스러운 죽음으로 인해 영국 국민은 깊은 슬픔에 잠겼다. 그런데 놀랍게도 얼마 동안은 정신병원을 찾는 우울증 환자가 줄어들었다고 한다. 그 이유는 사람들이 실컷 운 덕분에 카타르시스를 느꼈기 때문이라고 했다. 정신과 의사들은 이러한 현상을 '다이애나 효과'라고 부른다.

슬플 때 우는 사람이 병에 덜 걸린다는 사실도 입증되었다. 동맥경화증 환자를 대상으로 한 연구에서 소리 내어 우는 사람이 그렇지 않은 사람보다 심장마비에 걸릴 확률이 줄어든다는 사실이 밝혀진 것이다. 울고 난 뒤 스트레스 호르몬과 류머티즘을 악화시키는 물질의 수치가 떨어진다는 사실도 확인되었다. 남성의 평균 수명이 여성보다 짧은 이유는 남성이 여성보다 덜 울기 때문이라고 한다. '울어야 할 때 울지 않으면, 다른 장기가 울게 된다'라는 말이 있다.

누구라도 기쁠 때는 웃고 슬플 때는 울어야 한다. 웃는다고 경박한 게 아니고, 운다고 궁상맞은 게 아니다. 자신의 감정에 솔직해야 다른 사람의 감정을 온전히 받아들일 수 있다. 이제부터라도 남의 시선에 구애받지 않고 자신의 감정을 스스럼없이 드러내자.

사람은 나무와 같다.
나무는 밝은 곳을 향해 더 높이 오르려 할수록
더 힘차게 땅속 깊이 뿌리를 내려야 한다.
아래로, 어둠 속으로, 깊숙이, 음습한 곳으로

**프리드리히 니체** Friedrich Wilhelm Nietzsche

# 6장

# 삶의 의미를
# 찾지 못한 나

## # 인정의 조건 #

지금 잘 살고 있는 걸까?

# 걸으면서 세상과 소통하다

 '도보여행의 개척자'라고 불리는 베르나르 올리비에는 "살기 위해 걸었다."라고 말한다. 그는 사랑하던 아내의 죽음으로 인해 극도의 우울증에 시달리다가 자살을 시도하기도 했다. 절망에 빠진 그에게 도움의 손길을 내민 건 다름 아닌 '걷기'였다. 그는 자신의 경험을 토대로 '쇠이유Seuil' 운동을 시작했다.

 '쇠이유'는 청소년교도소교화프로그램이다. 15~18세인 청소년 수감자들이 언어가 통하지 않는 다른 나라에서 3개월 동안 하루 25km 이상 총 2,000km를 걸으면 석방을 허가하는 교정 프로그램이다. 문제 청소년들이 사회의 문턱을 넘어 성공적으로 사회의 일원이 되기를 바라는 차원에서 만들어졌다. 걷기는 잃어버린 자신감과 자존감을 회복하는 데도 도움이 된다.

 비행 청소년들 가운데 85%는 재범의 유혹에 빠진다는 통계자료가 있다. 하지만 '쇠이유'의 걷기 프로그램에 참여한 아이들의 재범률은 15%에 불과했다. 아이들은 걸으면서 과거를 돌아보고 자신을 돌아보게 된다. 그리고 과거와는 다른 미래를 꿈꾼다. 프로그램에 참여한 한 아이가 말했다.

"나는 길을 떠나기 전에는 건달이었지만, 돌아온 뒤에는 영웅이 되었어요."

불어 '쇠이유 seuil'는 문턱과 한계, 시작을 의미한다. 영어 'threshold'나 독어 'Schwelle'도 같은 뜻을 지닌다. 문턱을 넘어서지 못하면 한계에 봉착하지만, 문턱을 넘어서면 거기서 새롭게 시작할 수 있다. 문턱에 걸려 넘어지느냐, 다시 일어나 앞으로 나아가느냐 하는 질문에 '쇠이유'가 희망적인 답을 제시한다.

'도행지이성 물위지이연 道行之而成 物謂之而然' 중국 전국 시대의 사상가인 장자莊子가 한 말이다. '길은 다님으로써 만들어지고, 사물은 불러줌으로써 그리된다'라는 뜻이다. 누구는 이미 만들어진 길을 걸어가고, 누구는 스스로 새로운 길을 만들어낸다. '봉산개로 우수가교逢山開路 遇水架橋'는 소설 《삼국지》에서 조조가 한 말이다. '산을 만나면 길을 내고, 물을 만나면 다리를 놓는다'라는 뜻이다. 길이 없으면 길을 내고, 다리가 없으면 다리를 놓으면 된다.

인생에는 수많은 길이 있다. 배움의 길도 있고 도전의 길도 있다. 부모의 길, 스승의 길도 있다. 나 자신을 찾아나서는 길도 있고, 꿈을 이루기 위해 가야만 하는 길도 있다. 아직 발걸음을 내딛지 않은 미지의 길도 있다.

인생길은 장애물 경주와 같다. 시련과 역경을 극복하면서 앞으로 나아가는 것이다. 지금 눈앞에 길이 보이지 않는다고, 길이 없는 게 아니다. 걸음을 멈추지 말자. 지금 들어선 이 길이 내가 가야 할 길이다.

# 인생은 함께 달리는 것이다

2016년 리우올림픽 여자 육상 5000m 예선 경기에서 뉴질랜드 선수와 미국 선수가 서로 발이 뒤엉켜 넘어졌다. 먼저 일어선 미국 선수가 뉴질랜드 선수를 일으켜 세웠다. 그러고는 다리를 다친 미국 선수는 곧바로 다시 주저앉고 말았다. 이번에는 뉴질랜드 선수가 미국 선수를 일으켜 세웠다. 그리고 그녀를 부축해 결승선까지 함께 달렸다. 경기가 끝난 뒤 뉴질랜드 선수가 말했다.

"이기는 것보다 더 소중한 게 있더군요."

2017년 미국 텍사스주 댈러스에서 마라톤 대회가 열렸다. 여성부 1위로 달리던 여성이 결승선을 바로 앞두고 갑자기 비틀대기 시작했다. 그리고 다리가 완전히 풀려 바닥에 주저앉고 말았다. 그때 뒤따라 달리던 10대 소녀가 그녀를 부축해 일으켜 세웠다. 그러고는 함께 달리기 시작했다.

"당신은 할 수 있어요. 결승선이 바로 눈앞에 있어요."

부산 달산초등학교 운동회에서 2등으로 달리던 학생이 앞서 달리던 학생을 앞지르다가 넘어졌다. 그러자 앞서가던 학생과 뒤따르던 학생들이 달리기를 멈추고 넘어진 친구를 일으켜 세웠다. 그러고는 그를 부축해 함께 결승선으로 들어왔다. 학부모 도우미들은 함께 달린 5명 모두에게 1등 도장을 찍어 주었다. 한 학생이 말했다.

"제가 1등을 하는 것보다 친구를 도와주는 게 더 좋을 것 같다는 생각이 들었어요."

'어른들을 부끄럽게 하네요. 이 아이들을 통해 희망을 봅니다.' 어느 누리꾼의 댓글이다. 또 다른 누리꾼은 이렇게 적었다. '경제보다 '함께'의 가치를 아는 아이들에게 제가 배웁니다.'

이번에는 용인 제일초등학교에서 열린 '꼴찌 없는 운동회' 이야기다. 5년 동안 달리기에서 꼴찌만 하던 지체장애인 친구를 위해 같은 반 6학년 친구들이 '깜짝 모의'를 했다. 이들은 30여 미터를 달리고 나서 갑자기 걸음을 멈추었다. 그러고는 꼴찌로 달려오던 친구를 향해 뒤돌아 달렸다.

다섯 명의 친구들은 서로 손을 잡고 함께 달려 나란히 결승선으로 들어왔다. 꼴찌로 달리던 학생은 친구들의 따뜻한 손길에 눈물을 터트리고 말았다. 한 친구가 말했다.

"1등보다 친구가 좋아요."

"제 동생은 남들보다 높은 하늘을 가졌습니다. (…) 제 동생은 연골무형성증이라는 지체장애 6급입니다. 쉽게 말하면 키가 작은 사람입니다.

한번은 동생이 놀이공원에 가서 자동차 운전을 하는 놀이기구가 타고 싶다고 했는데 키 때문에 탈 수 없다는 직원분의 말에 언니와 저는 놀이공원에서 대성통곡을 했습니다. 괜히 데리고 와서 실망감만 안겨주었다는 미안함에, 또 괜찮다고 웃어넘기는 동생 마음에 남겨질 상처 걱정에 눈물이 쉬지 않고 흐르더라고요. '놀이공원쯤이야 안 가면 되지!' 하고 멀리하는데, 매년 동생에게 상처가 되는 날이 생깁니다.

바로 가을 운동회, 특히 달리기요. 학년이 높아질수록 친구들과의 격차는 점점 더 벌어졌습니다. 한번은 운동회날 아침에 가기 싫다고 하는데 그게 왜 이리 맘이 아프던지요. 초등학교 5학년 때는 담임선생님께서 혼자 남아서 달리고 있는 제 동생을 위해 같이 뛰어주셔서 우리 가족은 울음바다가 됐고요.

이번 초등학교 6학년인 동생 마지막 초등학교 가을 운동회 때 사건이 일어났습니다. 같은 조 친구들이 계속 뒤를 보면서 달리더니 심지어 결승선 앞에서 뒤에 있는 동생에게 모두 달려와 손을 잡고 일렬로 다 같이 결승선을 넘었습니다. 누구 하나 꼴찌가 되지 않고 모두가 일등인 달리기가 되었습니다. 매번 꼴찌를 하고 실망하는 동생을 위해 친구들이 담임선생님께 양해를 구하고 동생 몰래 준비한 선물이었습니다.

　동생, 우리 가족, 선생님들, 학부모들 모두가 놀랐고, 감동의 눈물을 흘렸습니다. 친구들의 마음이 너무 예쁘고 고마워서요. 우는 제 동생에게 친구들은 해맑게 모두의 손등에 찍힌 1등 도장을 보이면서 '우리 다 1등이야!'라고 말하더군요."

　지체장애 학생의 누나가 쓴 글이다.


　'빨리 가려면 혼자 가고, 멀리 가려면 함께 가라' 하는 아프리카 속담이 있다. '혼자 가면 빨리 가고 함께 가면 멀리 간다'라는 말도 있다. 빨리 가는 게 능사는 아니고, 앞만 보고 달리는 게 전부는 아니다. 나 혼자 달리는 게 인생은 아니다. 인생은 서로 손을 잡고 함께 달리는 것이다. "만일 돌들이 서로에게 기대지 않는다면, 건물은 이내 허물어지고 말 것이다." 고대 로마의 철학자인 세네카가 한 말이다.


　서로 조금씩 양보하면, 모두가 1등이 될 수 있다. 함께 손을 잡고 달리면 모두가 1등이다. 아니, 일등이 아니어도 좋다. 일등과 꼴등이 모두 존중받고 행복한 세상이면 그걸로 족하다.

# '나 하나쯤이야'가 아니라 '나 하나라도'

독일의 심리학자 링겔만은 집단에 속해 있는 개인의 공헌도를 측정하기 위해 줄다리기 실험을 했다. 그런데 참여자의 수가 늘어날수록 개인이 보이는 힘의 세기가 줄어드는 것으로 나타났다. 누가 얼마만큼의 힘을 썼는지 명확하게 드러나지 않기 때문이다. 이러한 현상을 '링겔만 효과'라고 부르며, 심리학에서는 '사회적 태만'이라고 한다. 링겔만 효과는 대학이나 회사에서 공동으로 수행하는 팀 프로젝트에서 두드러지게 나타난다. 개인적인 책임을 물을 수 없기에 무임승차하려는 심리가 작동하는 것이다.

'방관자 효과'는 주위에 사람이 많을수록 위험에 처한 사람을 돕지 않는 현상을 가리킨다. '구경꾼 효과', '제노비스 신드롬'이라고도 한다. 책임이 분산되면, 책임감이 희석된다. '내가 나서지 않아도 누군가가 도와주겠지.'라는 심리가 작동한다.

미국 뉴욕의 한 주택가에서 키티 제노비스라는 20대 여성이 자기 집 근처에서 강도에게 살해당하는 사건이 벌어졌다. 그녀는 30분 이상이나 강도에 맞서 격렬하게 저항했다. 하지만 누구도 그녀를 구하기 위해 적극적으로 나서지 않았다. 결국 그녀는 온몸이 피투성이가 된 채 목숨을 잃고 말았다.

곤경에 처한 사람에게는 누군가의 도움이 절실하다. 그리고 내가 바로 그 '누군가'여야 한다. '나 하나쯤이야'가 아니라 '나 하나라도' 해야 하는 게 도덕이고 양심이다.

'나 하나'는 약하지만, 또 다른 '나 하나'가 모이면 이야기는 달라진다. 하나에 하나를 더하면, 둘이 아니라 무한대가 될 수도 있다. 서로 다가가 함께한다면, 무한의 긍정 에너지가 발현될 수 있다.

나서야 할 일이 있을 때 비겁하게 뒤로 숨지 말자. 비겁함은 자기 존재가치에 대한 부정이다. 지금 우리에게는 '나 하나라도' 기꺼이 나설 수 있는 불굴의 의지와 용기가 필요하다.

# 꼰대는 어디서 와서 어디로 가나

　'꼰대'의 어원은 확실하지 않다. 꼰대가 '곰방대'에서 유래했다는 설이 있다. 곰방대는 살담배를 피우는 데 쓰는 짧은 담뱃대를 말한다. 방구석에 틀어박혀 연신 곰방대를 빨아대는 노인의 이미지를 떠올리게 한다.

　번데기에서 유래했다는 설도 있다. 번데기의 사투리인 '꼰데기'가 '꼰대'로 되었다는 주장이다. 번데기처럼 주름이 많고 축 늘어진 노인의 이미지를 연상시킨다.

　꼰대가 일제강점기 때 사용됐다는 설도 있다. 프랑스어로 백작을 뜻하는 '콩트Comte'가 일본식 발음인 '콘데'로 바뀌었다는 것이다. 친일파 인사들이 일본의 작위를 받은 데서 유래했다고 한다. 그런데 실제 'Comte'의 일본어 발음은 '콘또'다.

　이제는 너무 흔해진 그 말, 꼰대. 사람들은 '꼰대가 꼰대인 줄 알면 꼰대겠느냐.'라고 말한다. 어찌 보면 지극히 당연한 말이기도 하다. 젊은 세대에게는 '가까이하기에는 너무 먼 당신'이 꼰대다. '꼰대'라는 단어가 유행을 넘어 마치 '시대 정신'처럼 널리 회자되는 게 현실이다.

다른 나라에도 꼰대와 같은 부류의 인간이 존재한다. 지금까지는 딱히 지칭할 단어가 마땅치 않았을 뿐이다. 그런데 언론과 방송을 통해 대한민국의 '꼰대'가 소개되면서 그 존재가 널리 알려지게 되었다.

> 꼰대의 문제는 얼굴의 주름이 아니라 마음의 주름이다. 꼰대는 몸이 늙은 사람이 아니라 마음이 늙은 사람이다. 아니, 마음이 '낡은' 사람이다. 나이가 들어도 생각은 자랄 수 있다. 하지만 꼰대는 자기 생각을 '키울 생각'은 하지 않고, '아무 생각 없이' 늙어갈 뿐이다.

꼰대가 앓고 있는 정신질환은 '자기애성 인격 장애'다. 남들 앞에서 자만심을 과도하게 표출하고, 타인에 대한 공감 능력이 부족하다. 자신을 과대평가하고 상대방을 평가절하하는 데 익숙하다. 모든 일을 자기중심적으로 생각하고 판단하고 행동하며, 이기적이고 독단적인 성향이 강하다. 자신은 전혀 노력하지 않으면서도 충분히 다른 사람의 대접을 받을 자격이 있다고 믿는다. 한마디로

과도한 나르시시즘이 문제다.

나르시시즘은 자기애自己愛, 자기 자신을 사랑하는 일이다. 그리스 신화에 등장하는 미소년 나르키소스에서 유래했다. 카타르시스는 비극을 통해 우울감이나 불안감이 해소되고 마음이 정화되는 일을 말한다. 마음속에 억압된 감정의 응어리를 외부에 표출함으로써 정서적인 안정을 꾀하는 것이다. 나르시시즘에 빠진 꼰대는 남의 비극을 보면서 카타르시스를 즐긴다. 진정한 카타르시스는 남의 비극이 아니라 인간의 보편적인 비극을 통해 자아를 성찰하고 감정을 정화하는 것이어야 한다.

'등고자비登高自卑'라는 말이 있다. 높은 곳에 오르려면 낮은 곳에서부터 시작해야 한다는 뜻이다. 일을 순서대로 해야 한다는 의미이기도 하고, 지위가 높아질수록 자신을 낮추어야 한다는 의미이기도 하다. 벼는 익을수록 고개를 숙인다. 그런데 사람은 나이가 들어갈수록 고개를 뒤로 젖히려고 한다. 고개를 앞으로 숙여야 상대방에게 인사할 수 있고 다가갈 수 있다. 눈높이를 낮춘다고 내가 낮아지는 게 아니다.

우리에게는 고개를 뒤로 젖히는 꼰대가 아니라 앞으로 숙일 줄아는 어른이 필요하다. 젊은 세대가 존경할 수 있고, 본받을 수 있고, 믿고 따를 수 있는 '진짜 어른' 말이다.

# 요즘 젊은것들의 불멸설에 관하여

'요즘 젊은것들은 버릇이 없다'라는 비난은 동서고금이 따로 없다. 그래서 '불변의 진리'라고도 한다. 그런데 정말로 젊은이들은 대부분 버릇이 없는 걸까?

수메르 점토판에는 자식을 책망하는 내용이 담겨 있고, 《일리아드》에는 젊은 장수를 책망하는 글이 적혀 있다. 이집트 피라미드 내벽이나 고대 그리스의 철학자 소크라테스의 글에서도 비슷한 내용을 발견할 수 있다. 고대 로마 시대에 키케로는 세태를 한탄하는 글을 썼고, 데카르트도 《방법서설》에서 젊은 세대의 무례함을 꼬집었다.

동양도 마찬가지다. 《한비자》에서는 부모와 마을 어른, 스승의 가르침에도 변하지 않는 어리석은 자식을 질책한다. 《조선왕조실록》에도 '날이 갈수록 세상 풍속이 쇠퇴해져 선비의 습성이 예전만 못하다'라는 탄식이 기록되어 있다.

'질량 불변의 법칙'은 화학 반응 전후에 물질의 질량은 항상 일정하다는 이론이다. '질량 보존의 법칙'이라고도 한다. '꼰대 질량 보존의 법칙'도 있다. 누군가는 한때 꼰대였거나, 아니면 언젠가는 꼰대가 될 수 있다는 뜻이다. 꼰대도 예전에는 '요즘 애'들이었다. 반대로 지금의 요즘 애들이 언젠가는 꼰대가 될지도 모른다. '꼰대 불멸설'을 입증하면서 말이다.

사회심리학자 리처드 아이바흐는 사람들이 이전 시대가 도덕적으로 더 낫다고 생각하지만, 실제로는 그렇지 않다고 주장한다. 꼰대가 되지 않으려면, 적어도 '좋았던 옛날 편향'에서는 벗어나야 할 것 같다.

인간은 자신의 행동에 대해서는 관대하고, 다른 사람의 행동에 대해서는 냉정하게 평가하는 성향이 있다. 어쩌면 시대가 변하면서 사람이 무례해지는 게 아니라 자신에게 관대하고 타인에게 냉정한 성향이 강화되는 건지도 모른다.

모든 게 상대적이다. 젊은이를 존중하면 어르신이고, 젊은이를 무시하면 늙은이다. 그리고 어른을 불손하게 대하면 요즘 애들이고, 어른을 공경하면 건실한 젊은이다. 나에 대한 평가는 내 태도에 달려 있다. 누구나 한때는 '요즘 애들'이었고, 누구나 언젠가는 '꼰대'가 된다.

나도 한때는 '요즘 애들'이었지만, 언젠가는 '꼰대'가 될지도 모른다. 남을 비난하기에 앞서 나 자신을 먼저 성찰해야 한다. 그러면 요즘 애들이나 꼰대도 모두 나의 '자화상'이고, 내 '이웃'이라는 사실을 깨닫게 될 것이다. 어쩌면 그 모든 게 내가 만들어낸 허상일지도 모른다.

# 변해야 산다 ✦

'코이'라는 비단잉어는 일본의 관상용 물고기로 알려져 있다. 이 물고기는 환경에 따라 성장하는 속도와 크기가 달라진다. 코이는 작은 어항에서는 5~8cm밖에 자라지 않는다. 하지만 대형 수족관이나 연못에서는 15~25cm까지, 강에서는 90~120cm까지 자란다. 똑같은 물고기인데도 어항에서는 피라미가 되고, 강에서는 대어가 된다. 이를 두고 '코이의 법칙'이라고 한다.

도도새는 인도양의 모리셔스섬에 서식했던 새다. 주변에는 먹이도 풍부하고 천적도 없었다. 그래서 이 새는 나무 위가 아닌 땅에 둥지를 틀었다. 그러다 보니 날개가 퇴화해 날 수 없게 되었다. 그리고 결국에는 지구상에서 영원히 사라지고 말았다.

'메기 효과'라는 말이 있다. 북해에서 청어를 잡는 어부들에게는 커다란 고민이 있었다. 애써 잡은 청어가 런던에 도착하기도 전에 거의 다 죽어 버렸기 때문이다. 그런데 천적인 메기를 수조에 넣었더니 청어들이 살기 위해 발버둥을 친 덕분에 육지에 도착할 때까지 거의 다 살아남았다.

영국의 역사가인 아놀드 조셉 토인비는 그의 저서《역사의 연구》에서 문명의 성장은 존속을 위협하는 도전에 성공적으로 응전함으로써 이루어진다고 주장했다. 프랑스의 생물학자 라마르크는 '용불용설用不用說'을 주장했다. 세대를 거듭하면서 자주 사용하는 기관은 진화하고, 그러지 못한 기관은 퇴화한다는 학설이다.

〈논어〉의 '위정편爲政篇'에 나오는 '온고지신溫故知新'은 옛것을 익히고 그것을 미루어 새것을 안다는 말이다. 〈주역周易〉에는 '궁즉변 변즉통 통즉구窮卽變 變卽通 通卽久'라는 글귀가 있다. '궁하면 변하도록 해라. 변하면 통할 것이다. 통하면 영원히 이어질 것이다.'라는 뜻이다.

우리는 변해야 산다. 젊은 세대도 변하고 기성세대도 변해야한다. 내가 변해야 세대를 넘어 성별을 넘어 통할 수 있다. 모든 것은 변한다. 단 하나 변하지 않는 게 있다면 '모든 것은 변한다'라는 단순한 진리가 아닐까.

# 내가 찾는 것은 생각보다
# 멀지 않은 곳에 있다

깊은 산속에 토끼 한 마리가 살고 있었다. 산에는 클로버가 무성했다. 그런데 어느 날, 사람들이 나타나 무언가를 찾고 있었다. 그들이 찾는 건 바로 '행운'을 뜻하는 네 잎 클로버였다. 토끼는 자기도 네 잎 클로버를 먹고 행운을 얻겠다고 다짐했다. 그래서 그 행운을 찾기 위해 하루도 쉬지 않고 온 산을 헤집고 다녔다. 얼마 뒤, 배고픔을 견디지 못한 토끼는 세 잎 클로버가 무성한 풀밭 위에서 죽은 채로 발견되었다.

벨기에의 작가 모리스 마테를링크가 쓴 〈파랑새〉라는 동화극이 있다. 가난한 나무꾼의 자녀인 치르치르와 미치르는 크리스마스 이브에 꿈을 꾼다. 꿈속에서 늙은 마녀가 파랑새를 찾아달라고 두 남매에게 부탁한다. 그래서 남매는 파랑새를 찾기 위해 추억의 나라와 미래의 나라로 떠나지만, 성공을 거두지 못한 채 집으로 돌아온다. 꿈에서 깨어난 남매는 집에서 기르는 비둘기가 파랗다는 사실을 깨닫는다. 이 작품은 행복이 먼 데 있지 않고 바로 가까이에 있다는 사실을 일깨워준다.

한적한 바닷가에서 평화롭게 살아가는 어부가 있다. 어느 날, 투자 상담사가 찾아와 그에게 조언한다. 고기를 많이 잡으려면 큰 그물을 사야 하고, 고기가 많은 어장으로 가려면 큰 배를 사야 하고, 잡은 고기를 모두 내다 팔려면 큰 트럭을 사야 한다고 부추긴다. 그리고 큰돈을 벌려면 유망한 해운회사 주식에 투자해야 한다고 일러준다. 어부가 왜 그래야 하는지를 묻자, 상담사는 노후에 편안하고 행복한 삶을 살기 위해서라고 답한다. 그러자 어부는 얼굴에 미소를 띠며 말한다.
"지금 나는 그런 삶을 살고 있습니다."

신발이 작으면 발이 아프지만, 신발이 크면 너무 쉽게 벗겨진다. 그리고 신발이 아주 잘 맞으면 발을 잊게 된다. '이적망족履適忘足'이다.

신발에 발을 맞추는 게 아니라 발에 신발을 맞춰야 편하게 걸을 수 있다. 행복도 그렇다. 내가 행복의 조건에 맞추는 게 아니라 행복의 조건을 나에게 맞추는 것이다.

사람마다 행복의 조건은 다르다. 누구에게나 자신에게 맞는 행복의 조건이 있다. 나에게 맞는 행복의 조건은 오롯이 나에게 달려 있다. 어쩌면 우리는 지금 신고 있는 신발이 발에 너무 잘 맞아 행복하다는 사실조차 잊고 사는 건지도 모른다.

# 그대가 있기에 나는 행복하다

일본의 한 대학병원이 타인의 불행을 보며 즐거워하는 인간의 심리를 증명해냈다. 실험 참가자들은 남의 성공 사례를 들을 때 고통을 느끼고, 실패 사례를 들을 때는 기쁨을 느끼는 뇌 반응을 보였다. 맛있는 음식을 먹을 때 느끼는 만족감처럼 남의 불행을 받아들인다는 것이다.

하버드 대학의 어느 심리학과 교수가 진행한 연구에서도 마찬 가지였다. 사람들이 자신이 부러워하는 사람이 길에서 돈을 주웠 다는 소식보다 지나가던 택시에서 튄 물에 옷이 젖었다는 소식에 더 즐거워했다는 것이다. 영국 리즈대학과 요크대학의 연구에서 는 실직한 사람이 자기 주변에 실업자가 많을수록 행복도가 높아 지는 현상을 보였다. 실직자의 열등감이 타인의 불행에 기쁨을 느 끼게 만들었다.

자신의 절대적인 소득 수준보다 남과 비교한 상대적인 소득 수준이 행복과 불행을 가르는 척도가 된다는 조사 결과도 있다. 절대적인 자기만족보다 상대적인 우월감에서 행복을 느낀다는 의미이다.

> 사람들은 다 함께 잘살기보다는 자신이 남보다 좀 더 잘살기를 원한다. 남이 행복해야 나도 행복할 수 있다는 단순한 진리를 깨닫지 못한다. 남이 불행한데 나만 행복할 수는 없다. 남의 불행이 나의 행복이라고 착각해서는 안 된다. 남의 불행이 결코 나의 행복이 될 수는 없다.

2021년 미국의 여론조사 기관인 '퓨리서치센터'가 한국을 포함한 17개 선진국을 대상으로 삶에서 가장 가치 있게 생각하는 것이 무엇인지 조사했다. 그 결과, 우리나라 사람은 '물질적 행복'을 1순위로 꼽았다. 하지만 대부분 국가 사람들은 '가족'을 1순위로 꼽았다. 다음으로 건강, 직업, 물질적 행복 순으로 나타났다.

하버드 대학의 '성인 발달 연구'는 75년간 724명의 인생을 추적한 역대 최장 프로젝트다. 이 연구에 따르면, 행복의 비밀은 부나 성공, 명예가 아닌 '좋은 관계'에 있었다. 가족과 친구, 공동체와의 교류가 긴밀한 사람일수록 더 행복하고 건강하며 오래 살았다. 영국의 런던 정치경제대학교의 보고서에도 돈보다 교우관계가 인간의 행복을 좌우한다고 적혀 있다.

"소득은 행복과 비례하지 않는다."

'행복 경제학'의 아버지로 불리는 리처드 이스털린의 말이다. 소득이 늘어난다고 더 행복해지는 것은 아니다. 행복은 물질적인 가치가 아니라 정신적인 가치이기 때문이다. 언제나 나를 이해해주고 함께할 수 있는 누군가가 곁에 있기에 내가 행복할 수 있는 것이다. 우리 인생에서 불변의 가치는 소유가치가 아니라 존재가치다. 그 가치가 나의 인생을 보다 더 '가치 있게' 만든다.

# 버리면 결국 버려진다

동물은 태어나자마자 처음 본 대상에 대해 본능적으로 애착을 갖는다. 거위가 처음 본 대상을 엄마 거위로 착각하고 따라다니는 것이 대표적이다. 한번 각인되면 쉽게 잊히거나 사라지지 않는다.

오스트리아의 동물학자인 콘라트 로렌츠는 회색기러기를 관찰했다. 그리고 인공 부화로 갓 태어난 새끼가 자신을 졸졸 따라다닌다는 사실을 알게 되었다. 그는 태어나서 맨 처음 접한 대상에 대한 본능적인 애착과 유대감을 '각인'이라고 규정했다. 철새의 이주나 연어의 회귀도 각인 효과를 통해 설명할 수 있다.

한 연구자가 너구리를 대상으로 실험을 진행했다. 그리고 자신의 행동을 너구리가 따라 하고 있다는 사실을 알게 되었다. 그런데 그 자신도 일상생활에서 무의식적으로 너구리의 행동을 모방하고 있다는 사실을 깨달았다. 이것이 바로 '상호 각인 효과'다.

'미워하면서 닮는다'라는 말이 있다. 부부도 선후배도 마찬가지다. 모든 인간관계는 상호적이다. 의식적이든 무의식적이든 상대방의 사고와 행동을 모방한다. 서로가 서로에게 영향을 주고받는다.

어느 날, 아들은 늙고 병든 아버지를 지게에 둘러메고 산에 올랐다. 그의 어린 아들도 뒤를 따랐다. 아들은 아버지를 구덩이에 내려놓고는 지게도 놔둔 채 집으로 돌아가려고 했다. 그때 그의 아들이 구덩이에 버려진 지게를 꺼내려고 했다. 그가 아들에게 영문을 물었더니 아들이 이렇게 답했다.

"나중에 제가 아버지를 버릴 때 쓰려고요."

우리에게 잘 알려진 '고려장高麗葬' 설화다.

유럽에도 '여물통과 삼베'라는 설화가 있다. 우리나라의 고려장 설화와 매우 흡사하다. 아들은 늙고 병든 아버지를 오랫동안 보살폈다. 하지만 병시중에 지친 아들은 아버지가 쓰던 식탁을 여물통으로 바꾸고, 이부자리도 거친 삼베로 바꿔 버렸다. 이 광경을 지켜보던 그의 아들이 그에게 말한다.

"아버지가 늙으면 저도 써야 하니까 삼베 절반만 남겨 주세요."

어쩌면 고려장은 부모에 대한 존경과 사랑을 강조하기 위해 만들어진 설화인지 모른다. 부모를 공경하는 건 자식의 당연한 도리다. 자식의 도리를 다하지 못하는 사람은 부모가 될 자격이 없다. 아니, 자식 이전에 사람의 도리가 아니다. 내가 버리면, 언젠가는 나도 버려진다는 사실을 잊지 말아야 한다.

# 색동 양말은 색다르다

버락 오바마 미국 대통령이 민주당의 정치 자금 모금행사에 참석하기 위해 텍사스를 찾았다. 대통령 전용기인 에어포스원이 착륙한 공항의 이름은 '조지 부시 국제공항'이었다. 공항에는 한 노년의 남성이 휠체어에 몸을 의지한 채 대통령 내외를 기다리고 있었다. 잠시 뒤, 이 남성은 트랩에서 내리는 오바마 대통령 일행을 반갑게 맞이했다.

이 남성은 '최고의 공화당원'이라고 불리는 조지 허버트 워커 부시 전 대통령이었다. 그는 기자들 앞에서 이렇게 말했다.

"대통령이 내 고장을 방문하는데 그를 마중 나오는 건 당연한 일입니다."

그는 정계를 은퇴한 뒤에도 당파를 초월한 인간적인 모습을 보여주었다. 오바마 행정부가 추진하던 이민 개혁안에 대해 공개적으로 지지 의사를 밝히기도 했고, 백혈병을 앓던 두 살 어린이를 위해 기꺼이 머리를 삭발하기도 했다.

이날, 부시 대통령은 화려한 색동 양말을 신고 있었다. 평소에 도 그는 색동 양말을 즐겨 신는다고 한다. 그의 89번째 생일에는 민주당의 하원 원내대표인 낸시 펠로시가 "대통령의 생일을 화려 하게 축하합니다."라는 메시지와 함께 색동 양말을 신은 자신의 사진을 트위터에 올리기도 했다. 다른 정치인들도 색동 양말을 신 은 사진으로 노정객<sub>老政客</sub>의 생일을 축하해 주었다. 색동 양말은 단순한 양말이 아니라 다양한 인종이나 이념을 의미하고, 화합과 조화를 상징하는 것이다.

〈검은색과 흰색Ebony And Ivory〉이라는 팝송의 첫 부분은 이렇게 시작한다.

'검은색과 흰색. 이들은 완벽한 조화를 이루며 함께 살아가지 요. 내 피아노 건반 위에서 나란히Ebony and Ivory live together in perfect harmony. Side by side on my piano keyboard.'

이 노래는 1982년에 비틀스의 폴 매카트니가 스티비 원더와 함 께 부른 곡이다. 미국 빌보드 차트에서 7주 동안 정상을 차지하기 도 했다. 피아노의 건반처럼 흑과 백이 함께 어우러져 아름다운 공동체를 만들자는 인종 화합의 염원을 담고 있다.

무지개는 색다르다. 색이 다르기에 서로 어우러져 아름다운 광경을 연출해낸다. 사람도 모두 남다른 존재다. 남다르기에 나의 존재가치를 내세울 수 있고, 다른 사람의 존재가치를 받아들일 수 있다.

남다른 사람들이 함께 어우러지는 세상이야말로 진정 아름다운 세상이지 않을까. 남다름과 색다름, '다름'은 '틀림'이 아니다. 갈등이 아니라 조화다.

# 한 권의 책이 세상을 바꾼다

여기 세상을 바꾼 한 권의 책이 있다.

1852년 해리엇 비처 스토가 쓴 《톰 아저씨의 오두막》은 19세기에 미국에서 행해지던 노예 제도의 참혹한 실상을 전 세계에 알렸다. 그리고 링컨의 노예 해방 선언에도 지대한 영향을 미쳤다. 스토 부인은 도주하는 노예에 대한 처벌뿐만 아니라 도주를 돕는 사람까지 처벌하는 법안이 의회에서 통과된 데 분노를 느껴 이 소설을 쓰기 시작했다고 한다. 시인 랭스턴 휴즈는 이 작품을 '미국 최초의 저항소설'이라고 정의했다.

링컨 대통령은 남북전쟁에서의 승전을 축하하는 모임에서 "나는 《톰 아저씨의 오두막》을 읽고 노예 해방을 생각하게 되었습니다."라고 말했다. 스토 부인에게는 이렇게 말했다. "바로 당신이 이 거대한 전쟁을 일으킨 작은 여인이군요."

이처럼 한 권의 책이 나를 바꾸고 세상을 바꿀 수 있다. 따뜻한 말 한마디, 나의 작은 관심과 배려가 이웃에 선한 영향력을 발휘할 수 있다. 아주 작은 등불이라도 어두운 곳에 밝은 빛을 비출 수 있는 것과 같은 이치다.

사람이 책을 만들고, 책이 사람을 만든다. 그리고 그 사람이 다시금 아름다운 세상을 만든다. 우리는 책 속에서 친구를 만나 대화를 나누기도 하고, 미지의 세계로 여행을 떠나기도 한다. 우리가 읽는 책이 누구에게는 즐거움을 주고, 누구에게는 마음의 양식을 준다. 그리고 누구에게는 따뜻한 위로의 말을 건네기도 한다. 책 속에 길이 있다.

# 끊임없이 나를 혁신해야 한다

"사람들은 매일 날씨를 이야기하지만, 정작 날씨를 바꿔보려고 하는 사람은 아무도 없다." 미국의 소설가 마크 트웨인이 한 말이다. 20세기 여성 패션의 혁신을 선도한 프랑스의 패션 디자이너 코코 샤넬은 이렇게 말했다. "내 삶이 만족스럽지 않았기 때문에 스스로 내 삶을 창조했다."

곤충의 애벌레가 성충이 되기 위해서는 네 가지 과정을 거쳐야 한다. 먼저 알을 깨고 나와야 하는 부화孵化다. 그리고 성장하면서 자신의 모습을 바꿔야 하는 변태變態다. 다음으로 자신을 둘러싸고 있는 허물을 벗어야 하는 탈피脫皮다. 그리고 마지막으로 날개를 펼쳐야 하는 우화羽化다. 이 모든 과정이 중생重生이다. 다시금 새롭게 거듭나는 것이다.

누구나 태어나기 위해서는 진통을 겪어야 하고, 자라나기 위해서는 성장통을 겪는다. 바닷가재는 5년 동안 25번이나 탈피 과정을 거친다. 성체가 된 뒤에도 1년에 한 번씩 껍질을 벗는다. 인간도 끊임없이 자기혁신을 해야 한다. 자기혁신은 남이 나를 바꾸는 게 아니라 내가 나를 바꾸는 것이다. 나의 관점과 태도, 철학을 획기적으로 바꾸는 일이다. 변화를 두려워해서도 안 되고 도전을 두려워해서도 안 된다.

골프를 친다고 가정해보자. 당신이라면, 골프를 잘 치기 위해 무엇을 바꿀 것인가. 공을 바꿀 것인가, 채를 바꿀 것인가, 아니면 샷을 바꿀 것인가. 공이나 채를 바꾸는 건 누구나 할 수 있지만, 샷을 바꾸는 건 인식의 변화와 나름의 노력이 필요하다.

한마디로 나 자신을 새롭게 바꾸는 것이다. 내가 변하지 않으면 아무것도 변하지 않는다. 인생의 진리는 간단하다. 모든 건 '바꾸어야 바뀐다'.

게으름을 부지런함으로 바꾸는 것도 나를 변화시키는 일이다. 어제보다 조금 더 일찍 일어나는 것, 하루에 한 번 더 미소짓는 것, 실패를 유익한 경험으로 받아들이는 것, 부정적인 생각을 긍정적인 생각으로 바꾸는 것, 모두 나를 성장시키는 힘이다. 말투나 표정, 자세, 생각, 습관 하나만 바꾸어도 나는 분명 어제와 다른 존재로 새롭게 태어날 것이다.

행복은 내일에 대해 아무것도 바라지 않고,
오늘이 가져다주는 걸 감사히 받아들이는 것이다.
바로 그때, 마법의 순간이 찾아온다.

**헤르만 헤세** Hermann Hesse

# 7장

# 이제는
# 행복하고 싶은 나

## # 여유의 조건 #

# 미소가 아름다운 사람으로
# 다시 태어나다


　몸에 가장 좋은 약은 바로 웃음이다.

　"하루에 15번만 웃어도 현재의 환자 수를 절반으로 낮출 수 있다." 미국의 굿맨 교수가 한 말이다. 웃음은 우울증을 극복하는 데 도움이 된다. 암 예방과 치료에도 도움이 된다. 혈액순환과 소화를 촉진하고, 스트레스도 해소해준다. 진통 효과뿐만 아니라 다이어트 효과도 있다. 웃으면 혈액 내 감마 인터페론이 200배 증가한다. 감마 인터페론은 면역체계를 활성화하는 물질로, 외부에서 침입하는 세균과 바이러스에 맞서 싸운다.

　오스트리아의 정신과 의사인 프로이트는 유머나 위트, 웃음이 걱정과 공포, 분노 등의 부정적인 감정을 극복하는 방어기제가 된다고 보았다. 많이 웃는 사람은 자신의 나이보다 3년이나 젊어 보이게 하고, 웃음이 조기 사망률을 35%까지 낮출 수 있다는 연구 결과도 있다.

웃을 때는 인체에 있는 600여 개의 근육 가운데 231개의 근육이 움직인다. 한 번 크게 웃으면 에어로빅을 5분 동안 한 것 같은 효과를 낸다. 웃으면 산소 섭취량이 증가하기 때문에 웃는 게 세상에서 가장 좋은 유산소 운동이라고 한다. 그러니 웃기만 해도 돈한 푼 안 들이고 멋진 운동을 하는 셈이다. 웃으면 몸도 마음도 건강해지고 행복해진다.

웃음이 최고의 약이고 최고의 운동이다. 그러니 기분 좋을 때도 웃고, 기분 나쁠 때도 웃자. 기분 좋을 때 웃으면 기분이 더 좋아지고, 기분 나쁠 때 웃어도 기분이 좋아진다. 이래저래 웃는 게 좋다.

한번 웃어 보자. 얼굴에 미소를 지어 보면 분명 표정이 달라질 것이다. 가짜 미소라도 좋다. 그렇게 웃다가 보면 언젠가는 진짜 미소를 지을 날이 올 것이다. 자신의 미소가 아름다워질 때, 나는 '아름다운 사람'으로 다시 태어난다.

# 유머는 삶의 자양분이다

    남아프리카공화국에는 '쿨룰루줄루족 말로 '쉽게'라는 뜻'라는 항공사가 있다. 규모가 비교적 작은 저가 항공사다. 이 항공사는 재기 넘치는 '기내 방송'으로 유명하다.

    "짐을 잘 챙기시기 바랍니다. 만일 두고 내리시려면, 저희가 좋아할 만한 물건만 두고 내리십시오."
    "연인과 헤어지는 방법은 50개 정도 됩니다. 하지만 이 비행기의 출구는 단 네 개뿐입니다."

    유머는 '아이스 브레이킹ice-breaking' 즉 '쇄빙碎氷'이다. 배가 앞으로 나아갈 수 있게 얼음을 깨는 것이다. 유머는 윤활유처럼 마찰을 줄여준다. 유머에는 거친 부분을 부드럽게 하고, 모난 부분을 둥글게 만드는 힘이 있다. 유머는 높은 벽을 허물고, 닫힌 문을 열어젖힌다. 때로는 뒤엉킨 실타래를 풀기도 하고, 꽉 막힌 물꼬를

트기도 한다.

 노르웨이 과학기술대학의 스벤 베박 교수팀은 7년 동안 5만 명이 넘는 사람들의 건강 기록을 추적 조사했다. 그리고 그들의 유머 감각과 건강과의 상관관계를 연구했다. 그 결과, 유머 감각이 정신 건강과 사회생활에 긍정적인 영향을 미치는 것으로 나타났다. 다른 실험에서는 참가자를 두 그룹으로 나눠 한 그룹에는 유머 감각에 높은 점수를, 다른 그룹에는 낮은 점수를 부여했다. 그리고 이 점수가 개인의 건강에 미치는 영향을 조사했다. 그랬더니 높은 점수를 받은 사람의 사망률이 낮은 점수를 받은 사람보다 20%나 적게 나타났다.

 유머는 건강하고 행복한 삶의 자양분이다. 우리가 살아가는 데 필요한 영양소를 제공해준다. 정서적, 심리적 안정을 위해서도 유머가 필요하다. 작고 가벼운 유머에도 현실을 긍정하고 포용하는 에너지가 한가득 담겨 있다.

# 관점을 바꾸는 여유가 필요하다

주인이 하인에게 술을 사 오라고 심부름을 시켰다. 그런데 돈은 주지 않고 빈 병만 건네주었다. 하인이 황당한 표정을 지으며 말했다.

"아니, 빈 병만 주고 돈을 주지 않으면, 어떻게 술을 사 옵니까?"

주인은 전혀 개의치 않고 태연하게 말했다.

"돈 주고 술 사 오는 건 누구나 할 수 있는 거 아니냐!"

잠시 뒤, 하인이 돌아와서는 주인에게 빈 술병을 내밀었다.

"이걸 드십시오."

주인이 어처구니가 없다는 표정을 지으며 말했다.

"아니, 병이 비어 있는데 어떻게 술을 마시느냐?"

하인은 태연하게 말했다.

"병에 든 술을 마시는 건 누구나 다 할 수 있는 거 아닙니까?"

서당에서 한 학동이 천자문을 외우다 깜빡 졸았다. 훈장은 아이

를 불러내 호되게 야단을 쳤다. 다음 날, 훈장이 학동들에게 천자
문을 외우게 하고는 깜빡 잠이 들었다.

어제 혼이 났던 학동이 억울한 표정을 지으며 말했다.

"훈장님은 왜 주무십니까?"

훈장은 아무 일도 아니라는 듯이 말했다.

"난 너희를 잘 가르치기 위해 공자님께 다녀왔느니라."

그러자 학동은 기다렸다는 듯이 곧바로 맞받아쳤다.

"저도 공자님을 뵈러 갔었는데 공자님께서는 훈장님을 뵌 적이
없다고 하시던데요."


클린턴 부부가 주말에 차를 몰고 야외로 나갔다. 가는 길에 기
름이 떨어져 잠시 주유소에 들렀다. 그런데 알고 보니 그 주유소
는 힐러리의 옛 남자친구가 운영하는 곳이었다. 클린턴이 어깨를
으쓱하며 말했다.

"당신은 나랑 결혼한 덕에 영부인이 됐잖소. 저 친구랑 결혼했
으면 기름이나 넣고 있을 텐데 말이요."

힐러리가 웃으며 말했다.

"저 친구가 나랑 결혼했으면 대통령이 됐을 텐데 안타깝네요."


'내가 공주인 건 왕자를 만나서가 아니라 아빠가 내게 왕이기 때
문이다 I'm a princess not because I have a prince, but because my dad is a king

for me.'

미국에서 '아버지날'을 기념해 개최된 공모전에서 입상한 글이다.

처지를 바꾸면 관점이 바뀐다. 아니, 관점을 바꾸면 처지가
바뀔 수 있다. 유머는 처지를 바꾸고 관점을 바꾸게 해준다.
그래서 다른 사람의 입장을 좀 더 잘 이해할 수 있게 한다.

유머는 상대방을 다그치지 않고서도 상대방이 스스로 자신을
돌아보게 만든다. 또한 나의 오른쪽이 상대방의 왼쪽이라는 지극
히 당연한 사실을 일깨워주는 유쾌한 자극제이다.

# 쿨하게 세상을 긍정하다

어느 대기업 회장이 손님을 접대하기 위해 유명 맛집을 찾았다.

"여기 이 집에서 제일 맛있는 고기로 주세요."

잠시 뒤 식탁 위에 올려진 고기를 본 순간, 회장의 얼굴이 일그러졌다.

"아니, 고기에 무슨 기름이 이렇게 많은 거요?"

주인이 미안한 표정을 지으며 말했다.

"죄송합니다. 이놈의 소가 운동을 열심히 안 했나 보네요. 금방 다른 고기로 가져오겠습니다."

그러자 회장과 함께 온 손님이 웃으며 말했다.

"괜찮습니다. 우리가 이 고기 먹고 열심히 운동하면 되지요."


"제2차 세계대전 당시 버킹엄 궁이 독일군에게 폭격을 당했을 때 저희 어머니가 이렇게 말씀하셨죠. '우리가 폭격을 당한 게 참 다행입니다. 왕실과 국민 사이를 가로막던 벽이 사라졌습니다.'"

엘리자베스 영국 여왕의 말이다.


　은퇴한 야구선수가 선수 시절의 경험을 회상하며 말했다.

　"난 올스타전에 대한 추억이 정말 많습니다. 한 번도 올스타에 뽑히지 못했기 때문에 올스타전 기간에는 가족여행을 많이 다녔거든요."


　하원의원 선거에 출마한 처칠에게 상대 후보가 인신공격을 퍼부었다.

　"처칠은 잠꾸러기입니다. 저렇게 게으른 사람이 어떻게 의회에서 일할 수 있겠습니까?"

　처칠은 아무렇지도 않다는 듯이 웃으며 말했다.

　"그도 나처럼 예쁜 아내와 산다면, 일찍 일어나지 못할 겁니다."


　의회에서 처칠이 여성 의원과 독설을 주고받았다. 먼저 여성 의원이 말했다.

　"만일 내가 당신과 결혼했다면, 당신 커피에 독을 탔을 거예요."

　그러자 처칠이 태연하게 맞받아쳤다.

　"만일 당신이 나의 아내였다면, 난 그 커피를 마셨을 겁니다."


　물구나무서기를 하면 세상이 거꾸로 보인다. 거꾸로 보이는 세상은 이전과는 확연히 다르다. 유머는 세상을 뒤집는 게 아니고 뒤집어 보는 것이다. 그러면 이전에 보지 못했던 걸 볼 수 있고, 알지 못했던 걸 알 수 있다.

유머에는 부정을 긍정으로 승화시키는 매우 놀라운 힘이 담겨 있다. 그 힘이 험난한 인생길에서 나를 받쳐주는 버팀목이 된다.

# 웃음은 고통을 치유한다

90회 생일을 맞이한 카터 미국 대통령은 축하연에서 이렇게 말했다. "나의 첫 번째 90년은 좋았습니다." 레이건 미국 대통령은 자신의 70번째 생일을 맞이해 "오늘은 나의 39번째 생일의 31번째 기념일입니다."라고 말했다.

1981년, 존 힝클리가 워싱턴에서 레이건 대통령을 저격했다. 병원으로 이송되던 레이건 대통령은 자신을 지키는 경호원들에게 말했다.

"총에 맞고도 죽지 않다니, 나 정말 대단하지요?"

병원에서 간호사들이 응급조치를 위해 그의 옷을 벗기려고 하자 그가 말했다.

"우리 집사람한테 허락은 받았나요?"

수술을 받기 전, 그는 의사들을 바라보며 말했다.

"여러분이 공화당 당원이기를 바랍니다."

그러자 민주당 당원이었던 수술 담당의擔當醫가 밝게 웃으며 말했다.

"대통령님, 오늘은 우리 모두 공화당 당원입니다Mr. President, today we're all Republicans."

레이건은 병원으로 급히 달려온 아내 낸시에게 너스레를 떨었다.

"여보, 내가 피하는 걸 깜박했지 뭐야!"

얼마 뒤, 건강을 회복한 그는 공화당 전당대회에 참석했는데, 연설 도중에 풍선이 터지는 사고가 발생했다. 그가 말했다.

"놈은 또다시 실패했습니다."

"인간만이 웃는다. 인간만이 고통으로 인해 너무 힘들어하기 때문에 웃음을 만들어내야만 했다Der Mensch allein lacht: er allein leidet so tief, dass er das Lachen erfinden musste." 니체가 한 말이다. 니체는 인생의 고통을 웃음으로 치유할 수 있다고 보았다.

삶의 여정은 죽음을 향한 여정이기도 하다. 유머는 삶과 죽음의 이분법을 넘어 근원적인 생명의 소중함을 깨닫게 해준다. 그리고 죽음에 대한 두려움에 사로잡히지 않고, 적극적으로 삶을 살아갈 수 있게 힘과 용기를 불어넣는다.

'행복해서 웃는 게 아니라 웃어서 행복하다'라는 말이 있다. 웃다 보면 아픔도 잊고 슬픔도 잊는다. 그리고 함께 웃다 보면, 모두가 하나가 된다. 남을 웃길 자신이 없으면, 남의 이야기를 잘 들어주고 잘 웃어주면 된다. 어차피 사는 인생, 이왕이면 웃으며 사는 게 좋지 않겠는가.

# 소박한 삶이 진정한 행복이다

고대 그리스의 철학자인 디오게네스는 견유학파犬儒學派의 한 사람이다. 관습이나 문명에 얽매이지 않고 자유로운 삶을 추구했다. 지금도 여전히 그에 관한 재미있는 일화들이 전해진다.

디오게네스가 양지바른 곳에서 일광욕을 즐기고 있었다. 그때 알렉산더 대왕이 그를 찾아와 말했다.

"그대가 원하는 걸 말하면 내가 다 들어주겠소!"

그러자 디오게네스가 대답했다.

"햇볕을 가리니 좀 비켜주시오!"

어느 날, 부자가 디오게네스를 집으로 초대했다. 부자는 거만한 표정을 지으며 디오게네스에게 저택 내부를 보여주었다. 그런데 갑자기 디오게네스가 부자의 얼굴에 침을 뱉었다. 그는 당황해하는 부자에게 태연하게 말했다.

"집이 너무 깨끗해서 침을 뱉을 곳이 없구려."

시노페 시민들이 디오게네스를 찾아왔다. 그리고 그에게 추방령이 내려졌다는 소식을 전했다. 그러자 그는 자신을 둘러싸고 있는 시민들을 향해 소리쳤다.

"그러면 나는 그대들에게 체류형을 내리겠소."


디오게네스가 길바닥에 앉아 죽을 먹고 있었다. 지나가던 귀족이 그를 보고 말했다.

"당신도 나처럼 왕에게 잘 보이는 법을 배우면, 죽으로 연명하지 않아도 될 거요."

디오게네스가 천연덕스럽게 말했다.

"당신도 나처럼 죽으로 연명하는 법을 배우면, 왕에게 잘 보이지 않아도 될 거요."


디오게네스는 통나무집에서 살았다. 옷 한 벌과 표주박 하나가 그가 가진 전부였다. 어느 날, 그는 개가 혓바닥으로 물구덩이에 고인 물을 마시는 걸 보았다. 그는 속으로 생각했다. '개도 저렇게 물을 마시는데 나라고 못 할 게 뭐란 말인가.' 그리고는 곧바로 표주박을 내버렸다고 한다.


디오게네스는 욕심을 버리고 자유로운 삶을 살면, 행복할 수 있다고 믿었다.

"언제든 죽을 준비가 되어 있는 사람만이 참된 자유인이다. 죽음의 유혹에서 벗어난 사람은 그 누구도 그를 노예로 만들 수 없고, 그 무엇도 그를 결박하지 못한다."

우리도 디오게네스처럼 욕심 없이 살 수는 없을까. 하루 세끼를 배불리 먹을 수 있음에 감사하며 살 수는 없을까. 꾸밈없고 거짓 없는 소박한 삶을 진정한 행복이라 여기며 살아갈 수는 없는 걸까.

옛날에는 부채만 있으면 무더운 여름철을 제법 견딜 수 있었다. 그러다 언제부터인지 선풍기가 더위를 식혀 주었다. 그리고 얼마 지나지 않아 에어컨이 등장했다. 지금은 아파트에서 부채질하는 모습을 찾아보기 힘들다. 사람들은 에어컨 바람에 길들어진 탓에 선풍기 바람을 쐬는 것조차 그리 달갑게 여기지 않는다.

경제학에는 '한계효용 체감의 법칙'이라는 게 있다. 동일한 재화와 서비스를 소비하거나 향유하면서 느끼는 주관적인 만족도가 시간이 지날수록 점차 감소한다는 법칙이다. 그래서 사람들은 점점 더 자극적인 걸 원하게 된다. 더 예뻐지기 위해 성형을 하고, 더 멋져 보이기 위해 치장을 한다. 점점 더 부유해지기를 원하고 더 풍족해지기를 원한다. 그리고 그것을 행복이라고 믿고 싶어 한다.

하지만 소유함으로써 행복해질 수 있다고 믿는 건 서글픈 환상에 지나지 않는다.

우리가 사는 공간이 커질수록 서로에게서 멀어질 수밖에 없고, 우리가 즐기는 쾌락이 커질수록 허무감도 커지기 마련이다. 기대가 크면 실망도 큰 법이고, 많은 것을 소유하면 걱정도 많아지는 법이다. 그래서 욕심이 적을수록 행복해질 수 있고, 소유하지 않을수록 더 행복해질 수 있다는 역설이 가능하다.

나는 물질적인 풍요로움보다 마음의 여유로움이 더 소중하고, 문명의 혜택을 즐기기보다 인간의 정취를 느끼는 게 더 소중하다고 생각한다. 그래서 우리가 사는 세상은 에어컨 바람보다 부채 바람이 더 살맛 나는 세상이어야 한다고 믿는다.

# 희망만 있다면 행복의 싹은
## 그곳에서 움튼다

　키가 134cm밖에 안 되는 그녀의 이름은 김해영이다. 그녀는 주인집 창문 너머로 교복을 입고 지나가는 아이들을 바라보며 눈물 흘리던 '열네 살 식모'였다. 동생들을 키우기 위해 식모살이를 시작한 그녀는 직업훈련원에서 양재 기술을 배웠다. 그리고 여러 기능대회에서 두각을 나타내기 시작했다. 전국장애인기능대회와 전국기능대회에서 금메달을 획득했다. 콜롬비아에서 열린 세계장애인기능대회에서도 우승을 차지했다.

　그녀는 아프리카의 빈곤한 나라 중 하나인 보츠와나로 떠났다. 그리고 그곳에 있는 직업학교에서 편물 기술을 가르쳤다. 그녀는 자신의 작은 키가 강점이라고 웃으며 말한다.

　"사람들은 내가 못나고 작아서 더 쉽게 마음의 문을 열었습니다. 특히 아이들은 자기들 키와 비슷한 나를 무척이나 좋아합니다. 그들을 내려다보거나 위협하지 않으니까요."

서른아홉 살의 나이에 그녀는 뉴욕에 있는 대학에 입학했다. 그리고 컬럼비아대학교 대학원 사회복지학과에서 석사학위를 취득했다. 그녀는 이제 세계를 무대로 활약하는 국제사회복지사다.

"세상이 내게 좌절을 권했지만, 나는 희망을 찾고 싶었습니다."

엄마에게 매 맞고 자란 기억, 아버지의 죽음이 그녀에게는 다이아몬드가 되었다.

"행복한 것은 그냥 지나가지만, 아픔과 상처는 그 자리에 남아 반짝반짝 빛을 내더군요. 다이아몬드처럼 빛나는 그 상처와 아픔의 힘으로 내가 계속 살아가고 있다고 생각합니다."


강영우 박사는 중학교 시절에 친구들과 운동하다가 사고로 시력을 잃었다. 그는 서울맹학교를 졸업하고 연세대 교육학과에 입학했다. 서른이 넘은 나이에 미국으로 유학을 떠나 피츠버그대에서 교육학과 심리학을 전공했다. 그리고 우리나라 시각장애인 최초로 미국에서 박사학위를 취득했다. 피츠버그대 졸업식에서 그가 한 연설은 무척 감동적이다.

"오래전 장애인이 가질 수 있는 직업은 두 가지뿐이었습니다. 하나는 점쟁이고 다른 하나는 마사지사입니다. 하지만 바로 오늘, 저는 점쟁이나 마사지사가 아니라 미국 백악관 정책 담당 고위 관리로서 이 자리에 섰습니다."

어느 날, 그는 세 살짜리 어린 아들의 기도를 듣게 된다.

"하나님, 우리 아버지의 눈을 고쳐 주세요! 아버지는 저랑 야구도 같이 못 하고, 자전거도 같이 못 탑니다."

그날 저녁, 아버지는 불 꺼진 방에서 잠자리에 든 아들에게 점자로 된 책을 읽어준다. 어둠 속에서는 아버지의 장애가 전혀 문제 되지 않았다.

> 누군가는 말한다. "견뎌낼 만한 고통이 있다는 건 축복입니다." 나에게도 견뎌낼 만한 고통이 있는지 생각해 보자. 나는 그 고통을 축복이라고 생각하는가? 그래서 그 축복에 감사하며 살아가고 있는가?

고대 그리스의 철학자 탈레스는 "희망은 가난한 인간의 빵이다."라고 말했다. 이와는 반대로 "절망은 죽음에 이르는 병이다."라고 말한 덴마크의 철학자 키르케고르도 있다. "내 비장의 무기는 아직 손안에 있다. 그것은 희망이다." 유럽 대륙을 정복한 나폴레옹이 한 말이다. "희망만 있으면 행복의 싹은 그곳에서 움튼다." 독일의 시성詩聖 괴테가 한 말이다. '둠 스피로 스페로dum spiro spero'는 키케로의 금언金言으로, '숨을 쉬는 한 희망은 있다.'라는 뜻이다. '삶이 있는 곳에 희망이 있다Where there's life, there's hope'라는 영어 속담과도 일맥상통한다.

'집 없이homeless'는 살 수 있지만, '희망 없이는hopeless' 살 수 없다. 누구나 꿈과 희망을 먹고 자란다. 아무리 힘들어도 내일에 대한 희망이 있기에 고난을 견뎌낼 수 있다. 희망은 나를 지탱하는 힘이고, 인생을 의미 있게 만드는 원천이다. 절대 희망을 버리지 말자. 그대가 희망을 버리지 않는 한, 희망은 결코 그대를 버리지 않는다.

# 행복의 우물은 생각보다 가까이 있다

폭우가 쏟아지는 밤, 칠흑 같은 어둠 속에서 누군가가 손전등을 켜고 산길을 걷고 있었다. 그는 벼락이 칠 때마다 흠칫 놀라 주변을 둘러보았다. 그런데 얼마 뒤, 갑자기 손전등이 꺼져 버렸다. 그는 너무 어두워 길을 찾을 수가 없었다. 그래서 잠시 걸음을 멈추고 벼락이 치기만을 기다렸다. 벼락을 두려워하는 게 아니라 벼락을 간절히 바라는 상황이 되었다.

처음 한국을 찾은 외국인이 이른 새벽에 시내를 관광하러 나섰다. 그는 양복을 차려입은 젊은이가 술에 취해 길바닥에 쓰러져 있는 광경을 보고 큰 충격을 받았다.

'한국은 주정뱅이가 사는 더러운 나라구나!'

잠시 뒤, 그는 달리 생각했다.

'한국은 밤에도 마음껏 다닐 수 있는 안전한 나라구나!'

밤늦게 길거리를 돌아다니는 건 외국에서는 상상하기 힘든 일이다. 더군다나 길에서 잠을 자다가는 도난을 당하거나 폭행을 당하기에 십상이다. 과연 우리나라는 안전한 나라인가, 더러운 나라인가. 아니면 안전하고도 더러운 나라인가.

한 청년이 사막 횡단에 나섰다. 그런데 길을 떠난 지 하루 만에 식수가 다 떨어졌다. 그는 더 이상 버티지 못하고 정신을 잃고 말았다. 한참 뒤, 그가 눈을 떠보니 눈앞에 야자수가 어른거렸다. 그는 자신이 헛것을 본 거라고 믿었다. 다음 날 아침, 근처에 사는 베두인족이 어린 아들과 함께 오아시스에 물을 길으러 왔다.
아들이 물었다.
"아버지! 이 사람은 왜 물가에서 목말라 죽은 건가요?"
아버지가 말했다.
"얘야! 여기 죽어 있는 이 젊은이가 바로 현대인의 초상肖像이란다."
독일의 신학자인 외르크 칭크가 우리에게 들려주는 이야기다.

우리말에 '우물 옆에서 목말라 죽는다'라는 속담이 있다. 바로 곁에 우물이 있는데 멀리서 물을 찾는 건 정말 어리석은 일이다. 그런데 우리가 그렇다. 바로 곁에 행복이 있는데도 그걸 행복이라 여기지 않고 멀리서 행복을 찾아 헤맨다. 그리고 어디에도 행복이 보이지 않는다고 불평만 늘어놓는다.

행복의 우물은 이미 우리 곁에 있다. 내 손으로 두레박을 내려 행복을 퍼 올리기만 하면 된다. 그런데도 우물 옆에서 서성거리며 행복에 목말라해서야 되겠는가.

# 내가 가는 인생길이 바로 행복이다

"신이 우리에게 절망을 주는 건 우리를 죽이기 위해서가 아니라 우리 안에 새로운 생명을 일깨우기 위해서이다Die Verzweiflung schickt uns Gott nicht, um uns zu töten, er schickt sie uns, um neues Leben in uns zu erwecken."

독일 작가 헤르만 헤세의 말이다. 우리가 잠시 실패하고 좌절한다고 파멸에 이르는 것은 아니다. 그로 인해 우리 안에 있는 생명을 일깨울 수만 있다면, 다시금 도전하고 성공을 이루어낼 수 있다.

"춤추는 별을 잉태하기 위해서는 혼돈을 품어야 한다Man muss noch Chaos in sich haben, um einen tanzenden Stern gebären zu können."

독일 철학자 프리드리히 니체가 한 말이다. 내가 지금 가야 할 길을 잃고 방황하고 있다면, 언젠가는 춤추는 별을 잉태하기 위해 노력하기 때문이라는 사실을 잊지 말아야 한다. 니체는 우리가 우리 자신이 되어야 한다고 말한다. 니체의 말처럼 우리가 건너야 하는 강물 위로 스스로 다리를 놓아야 하는 게 우리의 인생이고 소명이다.

> 행복은 욕심을 채우는 게 아니라 욕심을 다스리는 데 있다. 지나친 욕망을 절제하고 스스로 만족해하는 것이다. 그러기 위해서는 내가 가진 작은 것에도 감사하는 마음이 필요하다. 감사의 기준을 낮추면, 행복은 커진다. 인생은 감사하는 사람이 반드시 승리하기 마련이다. 감사는 평범한 날을 아주 특별한 날, 위대한 날로 만들어내는 놀라운 힘이 있다.

지금 내가 누리는 거의 모든 것은 내 노력 없이 거저 주어진 선물이다. 내가 살아 숨 쉬는 것도 크나큰 축복이다. 그런데 지금 내가 가진 것으로 행복해하지 않는다면, 앞으로 더 많이 가진다고 해도 행복해지지 않는다. 감사는 행복의 문을 여는 만능열쇠이다. 아무리 지치고 힘들어도 감사하는 마음을 잃지 않으면, 지옥조차 천국으로 바꿀 수 있다. 우리가 더 많이 사랑하고 더 많이 감사할수록 인생은 더 큰 의미와 가치를 지니게 된다.

다시 헤르만 헤세의 말을 인용해보자. "행복은 내일에 대해 아무것도 바라지 않고, 오늘이 가져다주는 걸 감사히 받아들이는 것이다. 바로 그때, 마법의 순간이 찾아온다Glück gibt es nur, wenn wir vom Morgen nichts verlangen und vom Heute dankbar annehmen, was es bringt, die Zauberstunde kommt doch immer wieder." 헛된 욕심을 버리고 아주 작은 일에도 감사하다 보면, 행복이 찾아드는 마법의 순간을 경험할 수 있다. 행복으로 가는 지름길은 없다. 지금 내가 살아가는 인생길 이 바로 행복이다.

누군가를 사랑한다는 것, 누군가에게 위로가 된다는 것, 누군가 와 함께 꿈을 꾼다는 것, 모두 감사하고 행복한 일이다.

# 내가 나를 지켜야 한다

세상에는 지킬 게 너무 많습니다. 약속도 지켜야 하고 예의도 지켜야 하고 질서도 지켜야 합니다. 물론 건강도 지켜야 합니다. 그런데 무엇보다 중요한 것은 바로 나를 지키는 일입니다. 나를 지킨다는 건 나를 사랑하는 일이고, 나를 인정하는 일이고, 나를 신뢰하는 일입니다. 내게 부족함이 있어도 받아주고, 내가 실수를 저질러도 보듬어주는 것입니다. 부족함은 채우면 되고, 실수는 만회하면 되니까요.

이 세상에 나보다 중요한 것은 없습니다. 내가 세상의 중심입니다. 내가 흔들리면 세상도 흔들리고, 내가 무너지면 세상도 무너집니다. 내가 세상 주위를 도는 게 아니라 세상이 내 주위로 돌아갑니다. 지금 여러분은 부질없이 흔들리고 있다고 생각하나요?

아닙니다. 꿈을 향해 움직이는 중입니다. 자신이 살아온 인생이 버려진다고 생각하나요? 아닙니다. 씨앗으로 뿌려지고 있습니다.

'자모인모自侮人侮'라는 말이 있습니다. 내가 나를 업신여기면, 남도 나를 업신여긴다는 뜻입니다. 어찌 보면 지극히 당연한 말이기도 합니다. 내가 나를 사랑하지 않는데 누가 나를 사랑할 수 있을까요. 남이 나를 업신여기는 게 싫으면, 내가 나를 업신여기지 말아야 합니다. 그런데 내가 나를 업신여길 수는 없습니다. 자신이 교만한 마음으로 나를 하찮게 여긴다는 건 참으로 어리석기 짝이 없는 일입니다. 먼저 나를 사랑해야 합니다. 나를 사랑하지 않고 남을 사랑할 수는 없습니다. 나를 존중하지 않고 남을 존중할 수도 없습니다. 나에 대한 신뢰가 있어야 남을 신뢰할 수 있는 법입니다.

진정한 자존自尊은 잘난 체하는 게 아니라 자신의 존엄과 가치를 스스로 깨달아 올곧이 지키는 일입니다. 허울 좋은 자만이나 오만이 아닌 올바른 자기 인식이고 자기 사랑입니다. 그러니 자중자애自重自愛해야 합니다. 자신을 소중히 여기고 무한히 사랑해야 합니다. 그래서 나에게 주어진 인생을 멋지게 '살아내야' 합니다.

누구나 자신이 존중받기를 원합니다. 그렇다면 답은 쉽고도 명확합니다. 서로를 존중하면 됩니다. 그 누구도 다른 사람의 자존감을 무시하거나 거부할 권리는 없습니다. 자존감은 인간 본연의 권리이고, 인간이 존재하는 당위성을 담보합니다.

남과 비교하지 마십시오. 나는 누구와도 비교될 수 없는 절대적인 존재입니다. 스스로 칭찬을 아끼지 마십시오. 내가 가장 듣고 싶은 말을 나에게 해주기 바랍니다. 높은 곳에 오르려고 하지 마십시오. 높은 곳에 오른다고 자존감이 커지지 않습니다. 공연히 자만심만 커질 뿐입니다. 최고가 되려 하지 말고 최선을 다하십시오. 최고가 되려고 하면 모두가 불행해질 수 있지만, 최선을 다하면 누구나 행복해질 수 있습니다.

남을 의식하지 마십시오. '체'할 필요도 '척'할 필요도 없습니다. 부족하면 부족한 대로, 모자라면 모자란 대로 사는 게 인생입니다. 세상에 완벽한 사람은 없습니다. 나 또한 완벽하지 않습니다. '완벽하지 않음'이 '완벽함'보다 더 인간적이고 자연스럽습니다. 완벽하지 않은 '나'에 대한 절대적인 믿음과 사랑으로 내 인생에 긍정적인 의미를 부여해나가면 됩니다. 그게 바로 내가 나를 지키는 방법입니다.

# 나에게 들려주는 긍정 메시지

난 소중해. 이 세상 어디에도 나보다 소중한 건 없어. 내 인생의 주인공은 바로 나니까. 나를 사랑하는 건 나에 대한 예의야. 나를 사랑하고 또 사랑해야 해. 그래, 나를 무한히 사랑할 거야. 그래서 나에게 주어진 삶을 멋지게 완성할 거야.

모든 건 내가 생각하기 나름이야. 남이 어떻게 생각하느냐가 아니라 내가 어떻게 생각하느냐가 중요해. 그에 따라 세상은 천국이 되기도 하고 지옥이 되기도 하니까. 앞으로는 긍정적인 생각만 할 거야. 부정적인 생각은 내 인생에 전혀 도움이 안 돼. 부정을 부정하는 게 긍정이잖아. 지옥을 부정하면 천국이야. 그러면 이 세상은 온통 환하게 빛날 거야.

난 언제나 내일이 기다려져. 내일은 내일의 태양이 떠오르니까. 뜨는 해와 지는 해는 같지만, 오늘과 내일은 분명히 다를 거야.

어제보다 나은 오늘을 꿈꾸었듯이 오늘보다 나은 내일을 꿈꾸는 거야. 내일의 태양이 떠오르면, 나는 다시금 새롭게 태어날 거야.

❤ ·······································································

지금 내가 들어선 이 길이 내가 가야 할 길이야. 남이 가는 길을 따라가려 하지 마. 너무 서두르지도 마. 아무리 바빠도 두 발을 한꺼번에 내디뎌서는 안 돼. 한발 한발 걷다 보면 언젠가는 내 인생의 목적지에 다다르게 될 거야. 그냥 산책하듯이 즐겁게 앞으로 걸어가는 거야. 가끔은 휘파람을 불면서.

❤ ·······································································

피할 수 없으면 즐기는 거야. 인생을 놀이라고 생각해 봐. 그러면 모든 게 즐거울 수 있어. 현실이 아무리 힘들어도 피하지 말고 당당히 맞서는 거야. 그리고 즐기는 거야. 어린 시절 소꿉놀이할 때의 열정만 있으면 모든 걸 이겨낼 수 있어. 그러니 마지막 순간까지 그 열정을 절대 잊으면 안 돼.

시간이 흐르면 모든 게 변하기 마련이야. 제자리에 머무는 건 하나도 없어. 시련도 고통도 시간이 지나면 사그라들어. 그러니 너무 아파하지 마. 낙담하지도 마. 모든 건 시간이 해결해줄 거야. 시간이 약이야. 그냥 약이 아니라 만병통치약 말이야.

부러우면 지는 거야. 남이 가진 걸 부러워하지 마. 남의 떡이 커 보인다고 부러워하지 말고, 남의 집 잔디가 푸르게 보인다고 부러워하지 마. 남의 금송아지보다 우리 집 송아지가 더 소중하고, 남의 돈 천 냥보다 내 손에 있는 한 푼이 더 소중한 거야. 언제나 내 곁에서 나를 지켜주는 사람이 가장 소중하고 고마운 사람이야.

지금까지 잘해 왔어. 지금도 잘하고 있고, 앞으로도 잘 해낼 거야. 난 나를 믿어. 내가 최고이기 때문이 아니라 최선을 다하고 있기 때문이야. 절대 자신을 탓하지 마. 내가 최선을 다하면 그걸로 충분한 거야. 잘잘못을 따질 필요도 없어. 최선을 다하기에 당당할 수 있고, 서로를 존중할 수 있는 거야.

"인간은 노력하는 한, 방황하기 마련이다." 이건 괴테가 한 말이야. 내가 방황하는 건 그만큼 내가 노력하고 있다는 거야. 제자리에 머물러 있는 사람은 방황하지도 않고 방황할 수도 없잖아. 때론 넘어지고 헤맬 수도 있어. 그게 인생이야. 누구나 걸음마를 배울 때는 수없이 넘어지잖아. 넘어지는 게 두려우면 걸음마를 배울 수 없어. 그러니 실패를 두려워하지 마. 성공은 실패의 결과물일 뿐이야.

지금 끝났다고 생각하지 마. 모든 건 현재진행형이야. 넘어지더라도 다시금 일어나 도전해보는 거야. 내가 지금 포기하면, 운명의 여신이 내 앞에서 눈물을 흘릴지도 몰라. 그러니 포기하지 말고 마지막까지 달리는 거야. 힘들 땐 잠시 쉬어가도 좋아. 아직갈 길이 머니까.

## <행복한 삶을 위한 금언>

- 인생이란 굴 속으로 빠져드는 게 아니라 잠시 터널을 지나는 것뿐이다.

- 손바닥으로 하늘을 가릴 수는 없다. 하지만 손가락으로 하늘을
  가리킬 수는 있다.

- 그렇기 때문에 사는 게 아니라 그런데도 살아야 하는 게 인생이다.

- 현실을 부정하는 사람은 결코 현실을 바꿀 수 없다.

- 기다림은 게으름이 아니다.

- 지도를 바꿀 수는 없지만, 노선을 바꿀 수는 있다.

- 날개는 짐이 아니라 힘이다.

- 이 세상에 이름 없는 사람은 없다. 우리가 그 이름을 모를 뿐이다.

- 인생은 빠르게 가는 게 아니라 바르게 가는 것이다.

- 함께한다는 건 겉이 아니라 곁을 내주는 것이다.

- 절망이 죽음에 이르는 병이라면, 희망은 그 죽음을 치유하는 약이다.

- 남의 절망에 눈을 감는 사람은 자신의 희망에 눈을 뜰 수 없다.

- 내가 희망을 버리지 않는다면, 희망은 결코 나를 버리지 않을 것이다.

- 다른 건 다 버려도 희망은 절대 버리지 마라.

- 어느 길로 들어서더라도 그 길은 내가 가야 할 길이다.

- 누구나 꿈을 이룰 수는 없어도 꿈을 닮아갈 수는 있다.

- 뜨는 해와 지는 해는 같다. 그러나 어제와 오늘은 분명 달라야 한다.

- 누구도 과거를 바꿀 수는 없다. 하지만 누구나 미래를 바꿀 수는 있다.

- 넘어지는 건 실패다. 주저앉는 건 포기다. 그리고 다시 일어서는 건 도전이다.

- 혼자 소유하기 때문에 행복한 게 아니라 함께 존재하기 때문에 행복한 것이다.

- 어린 시절에 보물찾기하던 열정만 있다면, 어디서인들 행복을 찾지 못하겠는가.

- 성공한 사람 곁에 있다고 성공하는 건 아니다. 하지만 행복한 사람 곁에 있으면 늘 행복해진다.

- 아무리 작은 행복이라도 결코 작은 게 아니다.

- 최고가 되려 하면 모두 불행해질 수 있지만, 최선을 다하면 모두 행복해질 수 있다.

- 이 세상에서 혼자 누릴 수 있는 행복은 어디에도 없다.

- 돈으로 행복을 살 수는 없지만, 불행을 살 수는 있다.

- 종이 울리는 건 자신을 비우기 때문이고, 곡식이 여무는 건 자신을 채우기 때문이다.

- 눈높이를 낮춘다고 내가 낮아지는 건 아니다.

- 아무리 빨리 가고 싶어도 두 발을 한꺼번에 내디뎌서는 안 된다.

- 대접받으려 하지 말고 인정받기 위해 노력하라.

- 아름다운 눈보다 아름답게 보는 눈이 더 아름답고, 아름다운 입보다 아름답게 말하는 입이 더 아름답다.

- 대박을 좇다 쪽박을 찰지 모른다. 소박한 삶이 답이다.

- 아무나 최고가 될 수는 없지만, 누구나 최선을 다할 수는 있다.

- 남부럽지 않은 인생보다 남부끄럽지 않은 인생을 살아야 한다.